JN436439

어느
가족의
풍경

어느 가족의 풍경

초판 발행 2014년 9월 20일

지은이 요코야마 케이코 / 서정훈
옮긴이 박해경
펴낸곳 영남대학교출판부
펴낸이 노석균

출판등록 1975년 9월 5일 경산 제16-1호

주소 경북 경산시 대학로 280
전화 053) 810-1801~3 | FAX 053) 810-4722
홈페이지 book.yu.ac.kr

ISBN 978-89-7581-491-4
ISBN 978-89-7581-490-7

이 도서의 국립중앙도서관 출판예정도서목록(CIP)은
서지정보유통지원시스템 홈페이지(http://seoji.nl.go.kr)와
국가자료공동목록시스템(http://www.nl.go.kr/kolisnet)에서
이용하실 수 있습니다. (CIP제어번호 : CIP2014026372)

요코야마 케이코 横山景子
서정훈 徐正塤 | 지음

박해경 朴効勍 | 옮김

차례

제1부

꽃처럼 살고 가다

요코야마 케이코(横山景子)

제2부

고희의 추억

남편 서정훈(徐正塤)의 유고

제1부

꽃처럼 살고 가다

설국(雪國)의 고향

어린 시절 - 아무에게도 말하지 않았다

•• 나이가 들어 갈수록 어린 시절의 기억은 바람에 구름이 흩어지듯 조각조각 단편적으로 떠오른다.

어머니의 생가는 아키타현 가쿠노다테마치 옆의 나가노마치이다. 우리 집은 어머니가 태어나신 메이지시대부터 대대로 지주였고 부락에는 요코야마 일족이 많았으며, 대부분이 친척이나 분가(分家)인 것 같다. 어머니는 요코야마가의 장녀로 태어났으나 얼마 후 생모가 병사했다고 한다. 젖을 얻어 먹이기 위해 수양딸로 보내졌다가 7살 때 본가로 돌아왔다. 당시 본가에는 스물 네다섯 명이나 되는 일꾼이 있을 정도로 대가족 이였다는 말을 어머니께 들은 적이 있다. 할아버지는 큰 체격에 짙은 수염을 기른 사이고 타카모리(西鄕隆盛:일본의 군인이자 정치가)씨와 같은 무서운 용모로 「달마」라는 별명이 있었고 말을 타고 외출하셨다. 나에게도 매우 무서운 "할바마마" (이렇게 부르고 있었다)의 기억이 있다. 어머니는 귀하디귀한 장녀였던 것 같고 아가씨라고 불리며 컸다는데 언제나 조용하고 차분하였다고 한다.

쇼와 20년 8월 패전의 날, 나는 초등학교 5학년이었다. 갑자기 천황각하의 방송이 라디오에서 흘러나왔다. 영문을 알 수 없었지만 전쟁에 졌다고 말하는 어른들은 모두 슬픈 표정이었다. 공습의 두려움이 없어졌다는 기쁨. 그것만이 한순간의 기억으로 남아있다.

종전이라는 시간의 흐름과 변화는 어린아이의 세계에서는 새로운 일이 끝없이 펼쳐지는 나날이었다. 아키타의 시골마을에도 영어를 말하는 백인이라는 스마트한 군인들의 모습이 보였다. 민주주의와 새로운 학교제도를 갖춘 중학교로 바뀐다고 한다. 여학교의 세라복에 대한 꿈은 사라졌지만, 무언가 자유롭고 새로운 미래가 있을 것 같은 설렘으로 가슴이 뛰었다.

당시 학교 근처에 어머니의 남동생이 하는 요코야마치과의원이 있었다. 숙부 부부는 둘 다 치과의사였다. 숙모는 전쟁 중에 숙부가 없는 자리를 지키면서 혼자서 병원을 경영해 왔다. 어린 마음에도 내 꿈은 숙모처럼 직업을 가진 여성이 되는 것이었다. 숙모는 아름답고 현명한 분으로 어느새 나의 동경의 대상이 되었다. 그리고 그것이 나 자신의 미래상이 되어 있었다. 하지만 이 생각은 아무에게도 말하지 않았다.

또 한 사람 내 미래상을 꿈꾸게 해 준 여성이 있었다. 마을을 흐르는 큰 강 건너편 부락에서 그림을 그리는 미술대학 출신 여성이 있었다. 만난 적은 없지만 같은 반 남자아이의 숙모였다. 화가를 지망하는 그 사람의 모습에 나의 동심은 묘하게 끌렸다. 그렇지만 아무에게도 말하지 않았다. 혼자서 마음에 강하게 새겼다. 학력을 키워 자신이 좋아하는 직업을 가진 여성이 되고 싶다는 생각은 이 때 내 마음속에 깊이 새겨진 것 같다.

이런 생각은 어린 나이였지만 어머니의 삶의 방식에 대해 반항심을 가지고 있었는지도 모른다. 어린 시절의 어느 날, 도쿄에서 선생을 하고 있다는 어머니의 국민학교 때 친구가 집에 왔다. 중년의 모던한 부인이었다. 얼마 후 어머니는 그녀와 함께 여학교에 진학할 것을 약속하고 부모님께 말씀드렸으나 「여자에게 학문 따위는 필요가 없고, 현모양처가 되는 것이 더 중요하다」는 말에 진학을 단념했다는 이야기를 들었다. 어머니는 정말 슬퍼 보였다. 어린 나에게는 어머니가 살았던 봉건시대의 상황은 전혀 이해할 수 없을 뿐 아니라, 어머니의 의지가 약했다고 비난했던 것이 기억에 남아있다. 지금은 돌아가신 어머니를 동정하는 마음도 있고, 내가 하고 싶은 것을 할 수 있도록 뒤에서 후원해주신 어머니께 감사하는 마음뿐이다.

또 하나 잊히지 않는 추억이 있다. *국민학교 졸업식에서 6년 개근상, 체육상, 성적우수상, 그리고 전교여자대표로 표창까지 모든 상을 받았다. 모범적인 아이였던 것 같다. 이 때 표창의 부상으로 검은 파이로트 만년필을 받았다. 나는 제일 좋아하는 아버지에게 자랑스러운 만년필을 선물로 드렸다. 어린마음에도 처음으로 아버지에게 효도를 한 것 같은 만족감으로 가슴이 벅

찼다. 이 기쁨은 아무에게도 말하지 않았다.

(2011, 4, 20)

※ 우리들은 쇼와16년 4월에 「국민학교」 1학년에 입학해서 6학년을 졸업했다. 그 다음해부터 「소학교」로 바뀌었다. 그리고 새로운 학교제도 아래 중학교 1학년에 입학하여 일본의 초 · 중등과정 9년이 의무교육으로 정해진 첫 학년이 되었다.

결석의 추억

•• 동쪽이 바다에 면해있는 경북 포항 시는 어업을 하는 항구도시였지만, 지금은 세계 제일의 조선소를 가진 근대도시가 되어있다. 4년 전에 여기로 이사 온 딸집을 오랜만에 방문했다. 거기에는 초등학교 6학년과 4학년 손자가 있다. 손자 둘은 장난꾸러기들이다. 그날 밤 잠들 때까지 건강했던 둘째가 아침에 일어나자마자 열이 나기 시작했다. 체격이 좋은 형과는 대조적으로 동생은 왜소한 체격에 허약해 보이는데다 열까지 자주 났다. 의사인 딸은 열이 나는 아이 이마를 손으로 짚으면서 「오늘은 학교 하루 쉬어라」고 한다. 손자는 순순히 그 말을 듣고 어제부터 만들고 놀던 퍼즐을 꺼내서 아무 일 없는 듯 놀기 시작했다.

학교를 「결석」하는 것이 대수롭지 않은 듯한 태도에 나는 깜짝 놀랐다. 그리고 오래전 나의 초등학교 시절을 떠올렸다. 중한 병도 아닌 것 같은데 「결석」이라는 말에 아무런 감정도 느끼지 않는 아이가 이상했다. 나는 초등학교 때부터 하루도 결석하지 않고 학교에 다녔던 것이 생각났다. 옛날과 지금의 교육 차이인가? 손자들은 그렇게 몸이 약한 편이 아닌 것 같은데.... 어린 시절 내가 가진 결석에 대한 생각과는 너무나 차이가 나는 것이다. 나의 걱정은 하루 결석하면 다음 수업에 지장이 생기는 것이 아닐까? 하는 등등. 오래된 옛날 일이 오늘 일처럼 느껴지는 것은 무엇 때문일까! 일생일대의 큰 사건이 생긴 것처럼 두려워하면서 처음으로 결석한 그날 일이 떠오른다.

벌써 60여 년 전의 일이다. 여름도 끝이 나고 아침저녁으로 선선함이 느껴질 무렵이 되자 대학시험을 앞둔 나의 마음은 불안해졌다. 고등학교 2학년 때 전학을 했기 때문에 왠지 학력에 자신감을 회복하지 못한 채 대학시험에 대한 초조함만 커져갔다.

그러던 어느 날 밤, 공부를 하던 중 문득 이런 결심을 했다. 「내일은 학교를 결석해 보자」라고. 하루정도 학교를 결석하는 것 정도는 보통 학생들에게는 당연한 일이었을지 모르지만 나에게는 큰 결심이 필요한 일이었다. 당시 시골에는 학원도 없고 대학시험 준비는 오로지 집에서 혼자 할 수 밖에 없었다. 일부 친구들은 이미 집에서 공부를 하고 있었다. 기차로 통학을 하면 왕복하는 시간이 아까웠기 때문이다. 나에게 있어서 우선 한 번 결석을 해 보는 것이 한 걸음 앞서가기 위한 대책이라고 생각했다. 학교 수업시간을 빼면 8시간은 자기 페이스로 수험공부가 가능하다. 아침 7시 집을 나설 시간에 방에 틀어박혀 있자 나를 걱정한 아버지의 목소리가 들렸다.

「어디 몸이라도 안 좋으니?」

「아니오, 오늘은 집에서 공부를 하려고요......」

「… … … 」

초등학교 때는 몸이 약했다. 조례시간에 빈혈로 쓰러지기도 하고, 열이 나서 조퇴할 때도 있었다. 아침에 일어나서 몸이 안 좋을 때면 아버지가 반드시 학교까지 같이 가 주시면서 결석은 시키지 않으셨다. 중학생이 되어서는 체력도 좋아져서 육상선수로 활약할 수 있을 정도로 튼튼해졌다. 건강해지고 나서 고등학교 3학년까지 학교를 쉰 적이 한 번도 없었다. 그날 결석을 하려는 나에게 부모님은 무언가 말씀하시고 싶으셨겠지만 이제 더 이상 어린애가 아니었다. 할 말을 하실 수 없는 듯했다. 아버지의 마음은 알 것 같았다. 그러나 부모님은 아무말씀도 안 하셨다.

나는 자신의 의지대로 행동했다. 결석을 하고 집에서 공부를 시작했다. 아침 9시 계획대로라면 20분 정도 휴식시간이었는데 문득 학교가 신경 쓰이기 시작했다. 다른 애들은 지금쯤 수업을 받고 있겠지! 나는 내 계획대로 할 작정이었는데 왠지 집중이 잘 되지 않았다. 불안했다. 이 방법이 옳았을까! 무언가 중요한 약속을 지키지 않은 것 같은 마음의 동요가 생겼다. 좀 더 냉정하게 생각했더라면 아버지가 지켜주셨던 12년간의 개근이라는 작은 기록을 깨지 않았을지도 모른다. 결석이라는 것은 나의 호

기심과 아집이 아니었을까? 결석을 하지 않고도 대입수험공부는 충분히 할 수 있을지도 모르는데... 등등

그날의 결석은 나에게 무거운 체험이 되었다. 오늘이 지나면 두 번째 결석은 아무것도 아니게 될지 모른다. 오후가 되어도 이것저것 불안이 더해져서 집중을 못 한 채 멍하게 시간을 보냈다. 무의식적으로 마음이 동요되었다. 결석은 왜 이렇게 마음을 불안하게 하는 것일까! 부모님에 대한 죄책감과 학교에 대한 배신이라는 생각이 들었다. 도둑질도 한 번은 힘들지만 두 번째는 두려움이 없어진다고 하는데...... 복잡한 마음을 떨쳐내지 못한 채 하루가 저물었다. 학교가 끝날 시간이 되어서야 비로소 마음이 편해졌다. 그 후로 나의 결석은 3일 이상 가지 않았다. 고민한 끝에 매일 수업을 받고 남는 시간에 집중해서 공부하는 것이 효과적이라는 결론을 내렸다.

사람은 각자가 살아온 시간 중에서 여러 가지 자기만의 고집이 생기게 마련이다. 지금은 12년 「개근」이란 할머니만의 작은 고집이 되어버렸다. 손자들이 좀 더 크면 이야기 해 주어야겠다. 할머니의 고집스러운 교훈(?)으로.

하치만타이(八幡平)산행의 추억

•• 작년 봄의 일이다. 나고야에 살고 있는 남동생한테서 안부전화가 왔다. 나는 희수(喜壽)를 넘은 나이에 혼자 살고 있다. 여러 가지 이야기를 하던 중 남동생은 생전에 형이 만든 「산행의 추억」이라는 앨범이 자기한테 있다고 하는 것이다. 1951년에 내가 오빠와 함께 간 「하치만타이」에서 찍은 사진이라고 한다. 몇 장은 기억하고 있었지만 편집한 앨범은 본 적이 없었다. 며칠 후 남동생은 바로 우리 집으로 보내주었다.

벌써 60년이나 전의 사진이었다. 갈색 A4크기의 두꺼운 종이에 흑백사진을 편집해 놓은 것이었다. 표지에는 「하치만타이 산행의 추억」이라는 제목에 자작나무 껍질을 장식한 앨범이었다. 「아! 그립다!」 표지를 보는 순간, 시간의 터널을 빠져나와 과거 청춘의 시간으로 마음은 날아갔다.

등산을 같이 간 멤버는 고등학교 2학년이었던 나, 중학교 때부터 친했던 테츠꼬(哲子), 고등학교 2년 선배인 아츠꼬(敦子) 언니와 남자는 테츠꼬와 아는 사이인 코이치(光一)군과 키치오(吉男)군, 리더였던 오빠 모두 6명이었다.

출발은 아키타현 타자와(田沢)호역 근처에서 토롯코라고 불리는 임업용 궤도차를 타고 갔다. 사회적으로는 전후 6년, 겨우 부흥의 조짐이 보일 듯하였으나, 아무것도 없던 가난한 시절이었다. 부족한 것뿐인 사회였어도 청춘들의 마음은 맑고 밝았다. 궤도차는 타마가와(玉川)를 따라 덜컹덜컹 둔탁하게 달린다. 몸으로 전해지는 진동까지 기분 좋다. 젊은이에게는 터질 듯한 자유가 있다. 신록 속을 오르는 토롯코는 녹색 잎의 향기를 가득 싣고 천천히 앞으로 나아간다. 어린 시절 흙장난을 할 때와 같은 천진난만함으로 가득 찬다.

달리는 차안에서 파트너를 정하기 위한 제비뽑기가 시작된다. 아담과 이브, 이브는 내가 뽑았다. 아담은 체격이 좋고 남성적인 코이치군이었다. 오나츠(お夏)와 세이쥬로(清十郎)는 우등생인 아츠꼬언니와 도련님 스타일의 성실한 청년 키치오군, 오소메(お染)와 히사마츠(久松)는 미스 아키타출신 테츠꼬와 리더인 오빠 이렇게 3조가 정해졌다. 오늘밤 식사당번은 오나츠와 세이쥬로다. 2시간 정도 가서 고쥬마가리(五十曲がり)라는 곳에서 토롯코를 내렸다. 거기서부터는 구불구불한 산길을 걸어서 올라가야 한다. 3시간 정도가 지나, 주위가 어두워지기 시작하는 저녁 7시쯤에 겨우 숙소인 타마가와 온천에 도착했다.

고쇼가케(後生掛)온천을 향해서

둘째 날 아침 비가 오는 중에도 야케야마(燒山)를 넘어 모우센 고개를 지나 12시경에 고쇼가케 온천에 도착했다. 온천에서 짐을 풀고 오후에 비가 그친 틈을 보아 근처의 「진흙화산」을 산책했다. 끓어오르는 진흙이 있었다. 뜨거운 진흙은 마치 가마솥에서 단팥죽이 끓는 것같이 부글부글 끓어오르는데 2미터나 튀어 올랐다가 툭 떨어진다. 뜨거운 진흙이 여기저기에서 차례로 경쟁하듯이 부풀어 오른다. 대자연은 실로 경이롭다.

주위의 푸른 소나무, 노송 숲에는 작은 바위틈 사이로 맑은 시내가 흐르고 있다. 발밑에는 고산식물인 돌거울초가 있는데, 은방울꽃 모양의 가련한 꽃이 피어 있었다.

조금 높은 바위 정원에 비바람을 견딘 성 자비엘(st.Xavier)의 십자가가 서 있었다. 아담과 이브는 그 아래에서 기념촬영! 젊은 두 사람의 미소에는 작은 행복을 엿볼 수 있었다. 십자가를 바라보면서 오나츠와 세이쥬로도 찰칵! 커플들의 기념촬영은 청춘의 최고의 미소가 되었다. 진흙화산의 위험한 난간에서 리더인 히사마츠와 오소메의 행복하게 웃는 얼굴도 한 장!

3일째 날, 하치만타이를 목표로 출발! 반 정도 올라갔을 때 비는 그쳤다. 야-호 야-호하면서 작은 골짜기의 징검돌을 밟으며 씩씩하게 올라갔다. 이브의 발걸음이 느려지자 아담이 손을 잡아준다. 오나츠와 오소메의 체력은 아직 충분하다. 올라가기 시작한 지 5시간이 지난 점심 즈음에 파트너와의 훌륭한 팀워크로 쾌청한 하치만타이 정상을 정복했다.

웅대한 파노라마가 펼쳐졌다. 하치만타이는 「웅대」하기 그지없었다. 끝없이 이어지는 분비나무의 원시림을 바라보며, 겐타모리(源太森)전망대에서 거울처럼 맑은 하치만호수를 내려다보았다. 하늘을 올려다보면서 「푸른 산맥」을 합창하고 스퀘어댄스의 원을 만들어 자연의 아이로 돌아갔다. 언제까지나 웅대한 자연을 만끽하면서.....

지금은 하치만타이 정상까지 드라이브 코스가 생겨서 당일치기도 가능하다. 그렇지만 우리들에게는 그 산에 한 발자국 한 발자국을 남긴 청춘의 꿈이 녹아 있다. 땀과 노력으로 가득했던 그 감격은 이제 어떤 젊은이도 맛보는 일이 없으리라. 오빠가 남긴 앨범은 내 청춘의 보물이 되었다. 이제 그때 그 사람들은 각자의 길을 걷다가 벌써 생애를 마친 친구도 있다. 키치오군도 오빠도 이제는 없다. 그렇지만 청춘의 추억은 남은 자들의 노후에 조용한 행복을 더해주고 있다.

(2011. 7. 20)

잊을 수 없는 사람

•• 내가 중학교 1학년 때였던 것 같다. 오빠의 자랑이었던 육군사관학교도 1년 만에 패전이 되어 돌아왔다. 동기 친구 3명은 모두 구토호쿠(旧東北)제국대학에 편입을 했다. 아버지와 나는 오빠의 진학을 권유했지만 오빠의 생각은 강경했고 군국주의에 대한 반동이었는지 마르크스를 공부하는 청년으로 변해있었다. 아버지의 걱정은 이만저만이 아니어서 오빠의 행동을 말리기 위해 소학교에 임시직교원으로 취직시켰지만 2년도 채 안 되어 그만두고 말았다.

「레드 퍼지(Red Purge)로 잡혀가면 감옥에서 좀 더 여유롭게 공부할 수 있을 텐데...」라고, 아직 철도 들지 않은 나에게 조용히 말한 적도 있었다. 그 후로도 토호쿠의 가난한 농민의 입장에 서서 사회주의 운동의 청년리더로서 활동을 계속했다. 오빠가 26살이 되었을 때, 마을의회(町会)의원에 출마할 것을 권유

한 것은 아버지였다. 오빠는 마을 청년의원으로서 새롭게 출발하게 되었다.

반면, 나의 장래에 대한 기대가 컸었던 것 같다. 고등학교에 진학할 때「평준화(学区制)」라는 것이 생겨서, 나는 지역에 정해진 고등학교에 가지 않으면 안 되었다. 그 결과 진학률이 별로 좋지 않은 K여자고등학교에 입학하게 되었는데 2학년에 올라갈 때, 오빠가 다이센(大仙)시에 있는 남녀공학인 O고등학교에 전학수속을 하였다. 나에게는 잘 이해가 되지 않았지만, 대학진학을 위한 배려였던 것 같다. K여자고등학교에서 1학년 전체 종합시험에서 최고성적이었다는 소문이 있었다. 그 덕분인지 O고등학교로 전학할 때에는 교장선생님과의 면접만으로 전입시험은 면제되었다.

고교 2학년 여름, 오빠의 제안으로 타자와(田沢)호 근처의 하치만타이(八幡平)로 3박4일 등산을 가게 되었다. 남녀 6명의 젊은이들은 멋진 추억을 만들 수 있었다. 카메라도 사진도 귀하던 시절에 등산가서 찍은 사진은 공부방 벽장에 암실을 만들어 오빠와 둘이서 현상부터 프린트까지 우리 손으로 직접 앨범을 만들었다. 그 후에도 오빠와는 언제나 마음이 잘 통했다.

전학 후, 고3 수험준비가 시작되는데 나는 사춘기의 파도에 휩쓸렸는지 공부에 열중하지 못했다. 1학년 때는 내 스스로도「최선을 다해 열심히 했구나!」라는 생각을 했었는데...... 도쿄에 있는 대학을 지망한다고 하면서도 집중력은 점점 떨어지고 있었다. 자신감을 상실하여 재수도 생각하고 있었다.

고교 3학년 여름, 가랑비가 내리는 날, 타자와호역에서부터 숲길을 따라 운행하는 6량짜리 산림열차 토롯코(トロッコ)에 한 여고생이 탔다. 앞 칸에는 작업복을 입은 5~6명의 남자들이 타고 있었다. 이 토롯코는 타마가와(玉川)온천까지 가는 유일한 교통수단이었다. 모두 말없이 덜컹덜컹 흔들리며 산으로 들어간다. 녹색 나무들 사이를 가르며 볼품없는 나무열차의 행렬은 힘겹게 오르막을 올라간다. 2시간 정도가 지나 토롯코는 조용한 산속의 종점에 도착했다. 여기서부터는 걸어서 올라가야한다. 주위 산들은 안개에 덥혀있고 사방으로 둘러 싼 산들은 어디나 푸른 나무들이 가득하다.

거기서부터 타마 가와 온천까지는 고쥬마가리(五十曲り)라는 좁은 산길을 10킬로 정도 가야 되는데, 시부쿠로가와 (渋黒川) 를 가로지르는 오르막길이다. 남자들은 익숙한 발걸음으로 힘차게 앞으로 걸어간다. 나는 타마가와온천에서 오빠와 등산그룹 일행을 만날 약속을 했다. 남자들도 오늘 밤은 타마가와온천에서 묵을 예정인 것 같다. 숙소는 거기 한 곳밖에 없었다. 경사가 조금씩 심해지면서 안개에 싸여 있던 산에는 어느새 가랑비가 내리기 시작했다.

온몸은 땀으로 젖어온다. 구불구불한 산길이 급경사가 되자 남자들의 행렬 맨 뒤에서 올라가던 젊은 청년이 자꾸 뒤처지는 내 걸음에 맞추어 기다려 주었다. 좁은 산길의 작은 가지에서 떨어지는 물방울은 무거워지는 내 발걸음을 잡는다. 그는 발걸음을 늦추고 뒤처지는 나를 기다려 주었다. 이 얘기 저 얘기를 하던 중 남자들은 건설청의 직원이고, 그는 연수생이었다. 도쿄 T대학 토목과 학생이라는 것을 알았다.

2시간 정도 가랑비 내리는 산길을 때로는 말없이, 때로는 숨을 헐떡이면서 그저 열심히 한 발 한 발 그의 뒤를 따라갔다. 어디선가 이슬비에 섞여 온천의 유황냄새가 코를 찌른다.「이제 다 온 것 같네요」물에 빠진 생쥐 꼴이 된 두 사람은 그제야 안심하면서 가슴을 쓸어내렸다. 겨우 올라가 산 정상에서 아래를 내려다보니, 연기가 가득 피어오르는 타마가와 온천이 보였다. 그리고 10분 정도를 내려가서 겨우 온천에 도착하였다. 가랑비 내리는 산길에서의 우연한 만남이 잊을 수 없는 추억이 되어 내 심장은 조용히 고동쳤다. 무슨 이야기를 나누었는지 잘 기억이 나지 않지만, 숙소로 올 때까지 보여준 그의 자상함이 기쁨과 행복한 마음으로 바뀌어 나를 감싼다.

오빠일행과는 예정대로 만날 수 있었다. 작년 멤버들과 재회의 기쁨을 나누면서 내일 일정을 듣는다. 잊을 수 없는 청년은 T씨라고 했다. 이듬해에 도쿄에서 다시 만날 운명이라고는 꿈에도 생각지 못했다. 가랑비로 뿌옇게 흐린 날씨도 소녀의 마음에는 봄날처럼 따뜻하고 두근거리는 설렘을 남길 뿐이다.

다음 날 일정 때문에 그와는 그 숙소에서 이별을 고했다.

(2011. 5. 20)

한 통의 그림엽서

●● 대학 졸업논문을 제출하고 해방감에 가득 차서 집으로 돌아오자, 한 통의 항공우편이 와 있었다. 1959년 12월 20일. 보낸 곳은 미국이었다. 처음으로 해외에서 온 항공우편이었는데 누가 보낸 것인지 짐작이 가지 않았다. 능숙하다고 할 수 없는 일본어에 영어를 섞어 쓴 편지는 진지하고 정중하기는 했지만 나는 가볍게 생각하고 잊어버렸다.

새해가 밝은 1월 중순에 오하이오 주 클리블랜드 클리닉에 유학중인 S씨(도쿄대학 의학부 학생)의 부인으로부터「우리남편과 같은 클리닉에 있는 유학생을 소개했어요」라는 엽서가 왔다. 작년 말에 온 항공우편이 생각났고 그 부부가 소개한 사람이었구나! 라고 생각했지만 어느 나라 사람인지는 쓰여 있지 않았다.「그는 아주 우수하고 성실한 사람인데, 성격은 좀 급한 것 같아요」라고만 쓰여 있었다. 나는 입사준비와 졸업 후의 기대와 불안 때문에 심리적으로 불안정한 상태였다. 답장을 보내야겠다는 생각조차 하지 못하고 잊어버리고 있던 중, 이번에는 S씨로부터「제가 소개한 사람이 답장을 기다리고 있습니다」라는 엽서가 왔다. 그러나 3월25일은 졸업식, 그 다음 날은 사은회, 게다가 3월28일은 아키타에서 대학친구의 결혼식이 있었다. 3월 27일 같은 과 F양은 친구결혼식에 참석하기 위해, 나는 아키타 고향집에 졸업보고를 하기 위해 아침 일찍 함께 우에노(上野)역을 출발했다. 1박을 하고 귀경하는 길에 F양과 오오마가리(大曲)역에서 만나 둘이서 모리오카(盛岡)와 센다이(仙台)를 지나는 토호쿠(東北)본선을 타기로 했다. 50년 전의 미치노쿠열차는 도쿄까지 7시간이나 걸렸다. 차창 밖으로 보이는 풍경에서 봄기운은 아직 느껴지지 않고, 약한 태양 빛을 받고 있는 논밭은 쓸쓸한 겨울의 흔적을 간직하고 있었다.

열차는 모리오카를 지나 키타카미(北上)역을 뒤로하고 센다이에 도착할 무렵 F양은 어머니에게 엽서를 보낼 거라고 한다. 나는 편지를 쓸 사람이 없었다. 4월에 입사하면 멋진 결혼상대를 찾는 일이나 직장이 항공회사이기 때문에 해외여행을 가는 꿈에 빠져 있다가, 문득 미국에 답장을 쓰지 않은 것이 생각났다.

기념으로 사 온 아키타후키 그림엽서 한 장에 답장이 늦은 것을 사과하고, 대학생활의 마지막 여행 중이라는 것과, 사회인이 되는 것에 부푼 기대를 안고 있다는 내용을 써서 센다이역 우체통에 넣었다. 내 마음은 큰 임무를 끝마친 것처럼 가벼웠다.

4월에 일본항공에 입사한지 1주일 후, 예상치 못한 항공우편이 또 왔다. 「포기하고 있던 답장을 일본으로부터 받고, 너무 기쁜 나머지 그림엽서를 주머니에 넣고 혼자 빗속을 걸어서 바까지 가서 맥주를 친구삼아 이 감격을 음미했다」고.

이 한 장의 그림엽서가 내 인생의 소중한 인연이 되리라는 것을 상상조차 하지 못하였지만… …

(2010. 9. 1)

인생의 선택 국제결혼

•• 1960년 도쿄 마루노우치(丸の內) 도쿄빌딩 8층. N항공회사에서의 근무도 한 달 정도가 지났다. 기대와 약간의 긴장감이 있는 하루업무를 마치고 나면 학생 때부터 살던 쿠단우에(九段上)의 작은 아파트로 돌아가는 것이 일과였다. 도시에서 혼자 생활하는 것은 가끔 고독을 느끼는 날도 있다. 요리를 잘 못하는 나는 간단하게 저녁을 먹고 긴 밤 시간을 독서나 수공예 등을 하면서 시간을 보낼 때가 많았다.

그런데 작년에 소개받은 미국유학생으로부터 거의 이틀에 한 번씩 항공우편이 날아온다. 어설픈 필체였지만 진지하고 한결같아서 조금씩 문학에 대한 이야기나 인생에 대한 이야기를 하게 되었다. 어설픈 글씨체는 원래 악필이라는 것을 나중에 알게 되었지만..... 한편 나는 업무에 익숙해지자 직장생활이 단조롭게 느껴지고 무언가 충족되지 않는 초조함을 느끼고 있었다. 그런 시기에 먼 미국에서 오는 편지는 신선하고 기분 좋은 자극도 되었다. 그가 재직하고 있던 글리브랜드클리닉의 보스는 노벨상 후보에 오른 과학자라는 것, 그런 보스 밑에서 연구를 계속하고 있는 자신의 축복받은 환경에 대해서 열심히 이야기했다. 그리고 편지에는 매일의 생활과 장래의 꿈에 대해 여러 가지를 써 보내주었다. 특히 장래가 촉망되는 젊은 과학자이고, 가까이에 위대한 보스가 있기 때문에 자신의 연구에 큰 꿈과 야망을 가지고 있다고 말하는 청년의 열정과 의지에 나의 마음은 조금씩 움직이기 시작했다. 당시 나도 상업디자인을 공부하기 위해서 유학수속을 밟고 있었다. 미국에서 만나보고 앞으로 어떻게 할지 정해도 괜찮을 거라는 생각을 하기도 했다.

그런데 그해 6월의 어느 날, 편지에 그가 한국인 유학생이라는 것을 알았다. 그가 고백을 한 것은 아니다. 국적을 쓰고 그 위에 검은 펜으로 덧칠해서 지운 흔적을 보니 「KOREA」라는 글자가 보였다. 그의 마음속 갈등의 흔적이었다. 순간 나는 절망감과 슬픔에 빠져버렸다. 왜? 그가 한국인? 자신도 모르는 사이에 무의식중에 가지고 있던 편견에 복잡한 충격을 받았다. 안타까움과 슬픔이 가슴을 눌렀다. 한참 후에 뇌리를 스치는 어린 시절의 기억이 되살아났다. 3, 4살 경에

「말 안 들으면 조센징(朝鮮人)에게 팔아버린다!」

고 혼낼 때 하던 어른들의 말. 어린 마음에는 유령만큼 무서웠다. 당시 고물장수는 큰 망태기를 메고 이집 저집을 돌아 다녔

다. 그 사람들은 조선인이었다. 그때 본 망태기와 조선인에 대한 공포는 어린 내 마음 깊은 곳에 자리 잡고 있었던 것이다. 그 후 어른들의 대화 속에도 무언가 모를 차별이 있다는 것을 느끼면서 우리들은 성장했다. 구체적인 역사지식도 없이, 무의식적인 편견을 가지면서 어른이 되었던 것이다. 전쟁이 끝나고 나서는 잊혀 버렸지만 잠재적으로 조센징이라는 말 어딘가에 편견이 자리 잡고 있었던 것이다. 국적 말하기를 주저한 그의 심정도 충분히 헤아릴 수 있었다.

그리고 얼마 후, 처음으로 그의 사진이 왔다. 일본에서는 아직 귀했던 코닥컬러로 연구실과 아파트에서 찍은 사진을 보고 나는 두 번째 충격을 받았다. 7, 8장의 사진을 본 순간, 미국이라는 배경도 있었겠지만 그는 너무나도 멋있었다. 나의 일본인으로서의 자존심은 맥없이 무너졌다. 나로서는 남자의 용모나 외관에 관심을 가져본 적이 한 번도 없었다. 남자는 인간성과 능력이 중요할 뿐이라고 생각하고 있었다. 이런 생각을 하고 있다는 것은 주제넘게도 일본여성으로서의 자부심과 프라이드에 가득 차 있었는지도 모른다. 그렇지만 뜻밖에도 나는 그에게 밀리고 있다는 생각이 들었다.

사진을 받은 날 밤은 한숨도 자지 못하고 고민했다. 편지로 조금씩 그의 인간성을 알아가게 되었다. 이런 내 마음을 부정할 수는 없었다. 이 사람이라면 무슨 일이라도 함께 잘 이겨낼 수 있을 거라는 확신 같은 것이 생기고 있었다. 반면에 지기 싫어

하는 내 성격에 외모 면에서 상대에게 지고 들어가기는 싫었다. 또 반대로도 생각해 보았다. 만약에 이 사람이 다른 사람에게 뒤지지 않는 외모를 가졌다면 그것 또한 나의 운명인지도 모른다는 생각이 들었다. 마음은 조금씩 안정되기 시작했다. 그 후로도 1년 가까이 변함없이 항공우편은 이틀에 한 번씩 왔다.

1962년 3월 한국의 정치적인 혼란으로 유학생을 모두 강제적으로 귀국 조치했다. 그는 귀국 도중에 15일간 일본에 체류하는 비자를 받아 도쿄에 왔고 우리들은 하네다(羽田)국제공항에서 처음으로 만나게 되었다. 우리 둘의 마음은 거의 정해졌지만 한국이라는 나라의 벽은 양가에 있어서 큰 장벽이었다. 하와이에서 나의 아버지에게 편지를 보냈는데 만남을 거절당했다는 것을 그때 들었다. 아버지를 대신해서 상경한 오빠는 우리들을 이해해주는 좋은 조력자가 되어주어서 미래에 대한 희망을 가지게 되었다.

당시 한국에 관한 정보가 전혀 없어서 주식이 빵인지 쌀인지도 몰랐을 정도이었다. 패전 후, 한국이 독립하고도 일본과의 국교는 정상화되지 않았던 시기이다.

그 후 1964년 4월에 그가 도쿄대학에 객원연구원으로 초빙을 받았을 때 주위 여러분들의 도움으로 결혼을 할 수 있었다.

1967년 내가 한국서 산지 5년 정도가 지났을 때 남편 대학에 일본인여성과 결혼한 동료교수가 3명 있었다. 그렇지만 그 부인들은 문화적인 차이를 견디지 못하고 이혼을 한 사람도 있고, 여러 가지 사정으로 일본으로 돌아간 사람도 있었다. 나는 내 일을 가지고 있었기 때문에 하루하루를 충실하게 보낼 수 있었다고 생각한다.

지금은 젊은 여성에게 개방적인 시대가 되었다. 국제결혼도 당연한 세상이 되었다. 그러나 내가 결혼할 때만 해도「네가 왜 한국 사람하고 결혼하니?」라고 속으로 생각하는 친구들도 많았다. 내가 부모가 되어보니 부모님들의 걱정과 슬픔을 잘 알 수 있었다. 그런 이유로 나는 다른 사람들의 국제결혼에 대해 한동안은 찬성하지 않는 입장이었다.

그렇지만 시대는 변했다. 지금은 스스로 선택한 국제결혼이라면 인정해주어야 한다고 생각하게 되었다. 단 문화적인 차이를 이겨낼 만한 각오와 노력을 하지 않으면 안 된다고 생각한다. 타국에서 살면서 마음속에 간직한 나의 좌우명은「로마에 가면 로마의 법을 따르라」이었다. 가능한 빨리 주어진 환경을 받아들이고, 하루라도 빨리 환경에 적응해서 그 안에서 자기가 편안하게 느끼는 자기의 자리를 만드는 것이 행복의 근원이라고 생각했다.

나는 남편의 나라에서 살았지만 남편은 정말로 일본을 좋아했다. 국제결혼에 있어서 서로의 나라와 문화는 대단히 중요하다. 서로가 상대를 사랑하는 것 다음으로 상대방의 나라와 문화를 이해하고 존중하면서 생활해 나간다면 분명히 행복이 넘칠 것이라고 믿고 있다.

나는 가족이나 주위사람들의 도움을 받으면서 평범한 반생애를 한국에서 보낼 수 있었는데 남편은 퇴임을 목전에 두고 암 선고를 받고 2000년 말에 치료를 위해 일본에서 살았다. 그는 젊을 때부터 일본문화에 관심이 있었고 일본의 고미술과 문학에 취미가 있었다. 특히 문고판 『역사소설』은 한시도 머리맡을 떠난 적이 없을 정도이다.

이 넓은 지구에서 서로를 선택한 반려자와 행복하게 사는 것은 인간에게 주어진 소중한 권리이기 때문에 대지에 뿌리를 내린 민들레 홀씨처럼 평온하게 자신의 「삶」을 살아갔으면 한다.

(2011. 10. 2)

※ 한일국교정상화는 1964년이다.

한국으로 건너와서(1967년~)

황갈색의 나라

•• 1966년 12월의 어느 날.

「좋은 소식이니까 직접 전해주는 건 어떨까?」 라는 도쿄대학 농학부 지도교수님이셨던 칸다치(神立)교수님으로부터의 연락이 었다. 그 해 10월에 제출한 남편의 박사논문이 합격했다는 소식이었다. 12월 23일 나는 학위기를 가지고 처음으로 서울김포국제공항에 도착했다.

다음 날은 크리스마스 이브였다. 우리들은 친구 박 사장님의 초대로 워커힐 호텔 파티에 참석했다. 아직 가난하고 사회불안이 남아있는 환경이었지만 여기는 주한미군이나 부유층 사람들의 사교의 장이었다. 나는 거기에서 들은 한국의 대중가수 패티김의 박력과 열정 넘치는 노래에 압도되었다. 한국가요 「사랑해」나 「마이웨이」 등 이 가수의 에너지는 한국민족특유의 감성과 예술성을 대표하고 있는 것이 아닐까! 라며 혼자서 조용히 감동에 젖어 있었다. 공부밖에 모르는 남편에게 거기는 좀 재미없는 곳처럼 보였지만........

남편은 대구의 국립경북대학에 근무하고 있었고, 나는 1967년 여름부터 JAL서울지점에서 근무하게 되었다. 이른바 주말부부 생활이 시작되었다.

초록이 절정이던 7월. 하네다국제공항에서 비행기를 타고 한국 상공으로 들어오자 전국토가 황갈색으로 보였다. 군데군데 녹색이 조금 보였지만 산들은 건조한 사막과 같은 갈색과 황갈색이었다. 그리고 하얗게 빛나며 빛을 반사하고 있는 큰 강은 아마 한강이었을 것이다. 황량하고 메마른 대지, 이 광경은 그 후로도 수 십 년 계속되었던 것으로 기억한다.

당시 한국의 황갈색은 온돌과 취사를 위한 연료로 산의 나무들을 많이 베어다 썼기 때문이라고 들었다. 1950년 한국전쟁의 비참한 상흔이었던 것이다. 그렇지만 지금은 일본과 똑같이 산들은 풍부한 녹색의 국토로 변했고 과거의 모습은 기억조차 할 수 없게 되었다. 지금처럼 녹색을 회복하는 데는 적어도 50년 정도가 걸린 것은 아닐까 생각한다. 반세기라는 긴 시간이 필요했던 것이다. 이 나라의 녹색부흥을 생각하면 새삼 자연환경의 소중함을 깨닫게 된다.

서울공항에서는 리무진버스나 다른 교통수단이 없었기 때문에 소형 택시를 타고 시내로 향했다. 택시에는 에어컨도 없어 창문을 반쯤 열고 달렸기 때문에 먼지와 바람 거기에 과속까지 정신이 하나도 없었다. 달릴 때 반대편에서 오는 차가 위험하게 옆으로 지나간

순간, 열린 운전석 창문으로「이 바보야! 조심해!」라고 큰소리를 질렀다. 상대차도 지지 않고 큰소리로 고함을 치며 지나간다. 손님이 타고 있는 것 따위는 아랑곳하지 않았다. 만사가 자기 기분대로였다.

시내까지는 1시간 정도 걸린다고 하는데 양다리에 힘을 주고 좌우로 흔들리는 몸을 지탱하면서 차창 밖을 보고 있자니, 시장처럼 사람들이 많이 모여 있는 어떤 길을 지나간다. 대여섯 명이 모여 있는 가운데 눈에 띄는 두 사람은 건강해 보이는 장사하는 아줌마와 그을린 피부에 건장한 아저씨였다. 두 사람은 어느 쪽도 양보할 기세 없이 서로 큰소리로 고함을 친다. 남녀 간의 부부싸움이라면 얼마든지 이해할 수 있겠지만 사람들이 다니는 큰길에서 남자와 여자가 싸우고 있는 모습에 깜짝 놀랐다. 그러나 넓은 하늘에 울려 퍼지는 싸움소리는 눈부신 백주의 하늘에 곧 사라져 버릴 듯 보였다.

시내가 가까워짐에 따라 쇼윈도의 화려한 원색이 눈에 들어온다. 거리에 보이는 아가씨들은 가는 다리에 미니스커트를 입고 거리를 걷고 있다. 유행은 빠르다. 한창 고도성장을 하고 있던 도쿄에서도 미니스커트는 그다지 볼 수 없었는데...라는 생각을 하고 있는 사이에 갑자기 혼잡하고 번화한 거리로 택시가 들어간다.

「가깝고도 먼 나라」의 거리에는 20년 전 일본의 패전직후의 모습을 보는 듯하였다.

(2009. 11. 25)

사라진 핸드백

• • 나는 1967년 7월 15일에 서울에 도착하여 그로부터 3일 후에는 시내에 있는 JAL서울지점에 출근하기로 되어 있었다. 숙소는 마포구의 조용한 주택지였다. 아직 서울에는 아파트도 없어 한국은행 부장님 댁의 별채를 빌리기로 했다. 출근을 하려니 전철도 없고 버스를 탈 수 없었던 나는 조부장님의 공용차를 얻어 타고 다녔다. 그 당시 자동차는 미제 지프였다. 다행히 JAL사무실은 한국은행 근처였기 때문에 아침에는 사무실 앞에서 내리고 퇴근할 때는 택시를 타고 다니는 생활이었다. 치안이 좋지 않았기 때문에 JAL에는 사복경찰이 경비를 서고 있었다. 반일감정이나 사회불안을 고려한 것으로 가끔 예상치 못한 사건이 일어나기도 했다. 그래도 나는 직장의 분위기가 좋아서 7년간 근무한 도쿄사무실과 별다른 차이를 느낄 수 없을 만큼 마음이 편했다.

한국에 온 지 한 달쯤 지난 어느 날, 내 업무는 손님을 상담하는 접객카운터여서 한국인이나 외국 여행객들이 많이 드나들었다. 그날도 보통 때처럼 손님들이 드나들었다. 점심시간에 카운터 아래에 넣어 둔 핸드백을 꺼내려고 보니 보이지 않았다. 어떻게 된 일인지 알 수가 없었다.

예상치 못한 상황에 어쩔 줄 몰라 하고 있다가, 내가 잠깐 자리를 비운 사이에 카운터에 오신 손님이 가져간 것일지도 모른다고 생각했다.(일본이라면 상상도 못할 일이지만)

며칠 전 공항에서 사건이 발생한 지 얼마 지나지 않았을 때였다. 누군가가 지점장님 차 창문을 열고 가방을 훔쳐간 것이다. 그 다음날 「가방을 주웠는데 전해주고 싶다」는 전화가 걸려왔다는 이야기를 들었다. 사례금을 노리는 것이었다고 한다.

내 핸드백이 없어진 그날 오후 3시경에 「JAL에 근무하는 요코야마씨」를 찾는 전화가 걸려왔다. 받아보니 더듬거리는 일본어로 말하는 남자목소리였다.

「당신 핸드백을 잊어버리셨죠? 택시에서 주웠어요. 내일 오후 2시에 서울 역으로 받으러 오세요. 전해드릴게요.」 라고 한다. 나는 사건에 말려든 것 같은 불안을 느끼고 동료들과 이야기 한 결과, 다음날 사복경찰과 같이 그 장소로 가기로 했다. 그 날은 그대로 귀가했으나 한숨도 자지 못하고 밤을 보냈고 긴장 속에서 출근을 했다. 불안한 시간이 흘러 점심때가 되었을 때 나에게 소포가 왔다. 불길한 예감이 들어 안을 열어보니, 핸드백에 들어있던 주소록과 수첩이었다. 핸드백은 물론 지갑, 달러와 현금, 화장품, 손수건 등은 들어있지 않았다. 그날 핸드백 안에 여권이 들어있지 않은 것은 불행 중 다행이었다. 주소록과 수첩을 받아 든 순간, 잠시 동안은 불안에서 해방되었다.

당시 한국에서는 일본제품이라면 손수건 한 장도 돈으로 바꿀 수 있다는 얘기를 들었다. 그래서 일본인의 가방이나 핸드백 등을 노리는 사람이 많았다.

한국은 당시 식량이 부족하였고 취직도 어려웠으며 빈부의 격차도 심하여 서민들의 생활은 너무나 힘들었다. 남북전쟁 이후에 부흥이 아직 제대로 이루어지지 않던 시대였다. 그런 중에도 일본에 대한 개인적인 감정이 전부 반일적이라고는 생각되지 않았다. 물론 개인적으로 선진국인 일본에 호의를 가진 사람도 적지 않았다. 그런 사람들을 만나면 묘하게 자신이 일본인이라는 자각을 가지게 된다. 상대는 한 사람의 일본인을 보고, 일본이라는 나라를 어떻게 인식할지 모르기 때문에 책임감이 느껴졌다.

얼마 후 또 작은 사건이 일어났다.

가을의 정취가 깊어 진 10월의 어느 해질 무렵, 평상시와 다름없이 퇴근하는 길에 집근처 큰길에서 택시를 내렸다. 고지대에 있는 고급주택가의 넓은 길은 조용하고 사람도 거의 다니지 않았다. 해는 산 너머로 지고 주위는 조금씩 어두워지면서 주변의 나무들이 옅은 어둠에 싸여가고 있을 때 나는 우리 집 입구를 향해 걸어가고 있었다. 그때 갑자기 뒤에서 낯선 사람의 팔이 내 목을 감았다. 발소리도 듣지 못하고 너무나 놀란 나머지「누구야!?」하며 일본어로 비명을 질렀다. 그 비명소리와 뜻밖의 일본어에 상대도 놀랐는지 곧 감았던 팔을 풀고 바람처럼 사라졌다. 나는 놀라기도 하고 무섭기도 하고 온몸이 떨려서 걷기도 힘들어 하며 겨우 현관입구까지 왔다. 어깨에 메고 있던 핸드백은 뺏기지 않도록 가슴에 꼭 안고 있었다. 도망친 범인은 중학생정도의 소년이었던 것 같은데 자세히는 모르겠다. 떨리는 다리로 방으로 뛰어 들어갔지만, 한동안 멍하게 앉아있고 말았다. 그날 이후 땅거미가 지는 해질녘에 바깥출입은 이상하게도 삼가게 되었다. 어둠에 대한 공포와 발걸음이 휘청거릴 정도의 불안을 느끼게 된다. 그래도 차에 타고 운전을 하면 혼자라도 한밤중이라도 아무렇지 않은데....

요즘 들어 생각해 보니 어두워지면 혼자서 바깥출입을 하지 않은지가 30년이 다 되었다. 아마 그때의 쇼크가 트라우마가 된 것이 아닐까! 하고 혼자서 생각한다. 지금까지도 밤에는 외출을 하지 않는다.

(2010. 1. 9)

생명(1) / 탄생

● ● 　한국 대구시에서 1968년의 일이다.

「이제 정신이 드셨어요? 여자아이예요」라는 말에 정신을 차렸다. 무통분만이었다. 한여름에 출산을 하게 되어 당시 최신시설을 갖추고 있던 제일산부인과병원 특실에 있었다. 이 방에만 에어컨이 있었던 것이다. 원장님은 남편이 유학시절에 미국에서 알게 된 의사인데 출산을 이 선생님께 부탁하게 되었다. 나는 32살의 고령출산이었기 때문에 무통분만으로 하기로 결정하였다. 긴장과 불안을 안고 시작된 출산이 무사히 끝났다. 보통 한국 사람들은 입원하고 하루 이틀이면 퇴원을 하는데 나는 돌봐줄 사람이 없어서 1주일간 입원을 했다.

한국은 출산 후의 식사에는 반드시 미역국이 나온다. 예로부터 모유가 잘 나오게 해 준다고 하여 매끼마다 식탁에 오른다. 한국에서는 중국과 마찬가지로 "의식동원(醫食同源)"의 사상이 있어서 가정에서 산후조리를 위해 특별히 여러 가지 음식을 해주는데 가족이 곁에 없는 나는 가슴깊이 쓸쓸함을 느꼈다. 그날은 멀리 일본에 계신 어머니가 더욱 생각나는 날이었다.

퇴원하는 날. 1986년 8월 7일 오후 1시 50분. 요코야마 케이코 출산. 체중2800그램 여아. 작은 갓난아기의 양발이 찍혀있는 출생증명서를 받으면서 나는 한 아이의 엄마가 되었다.

출산이란 새로운 생명을 하늘로부터 받는 것. 처음으로 안아보는 부드럽고 따뜻한 체온의 소중함. 이것이 모성본능을 깨우는 것일까! 신비한 인생의 비밀은 태어날 때부터 시작된다. 이제부터 나는 이 작은 생명과 함께 내 시간을 공유하면서 살게 된다. 남편에게 감사하면서도 이 아이는 엄마인 내가 지켜주지 않으면 안 된다는 현실에 직면하게 된다.

육아에 관해서는 책 몇 권 읽은 것이 전부이다. 가족도 남편 이외에는 아무도 없다. 시내에 남편의 누나가족이 살고 있어 내가 의지할 수 있는 유일한 사람인데, 그녀는 대가족을 챙겨야 하는 상황이고 언어의 벽도 있어 속 깊은 대화를 할 수는 없었다. 일본에서 육아에 대해서 들은 적도 별로 없거니와 들었다고 하더라도 생활습관의 차이 때문에 별로 도움이 될 것 같지 않았다.

이 날부터 나의 육아는 시작되었다. 요리교실에서 요리실습을 하듯 매일 서툰 육아실습이 시작되었다. 책을 보면서 만들어 두었던 정방형 무명 기저귀를 꺼내서 개는 법과 사용법을 배웠다. 그리고 수유하는 방법이나 시간, 목욕시키는 법, 기저귀 빼는 법, 소독하는 법 등등 이 모든 것은 내가 처음으로 해보는 것뿐이었다.

갑자기 늘어난 빨래는 일본에서 가져 온 세탁기가 큰 도움이 되었다. 그리고 그 당시 내가 좋아하게 된 한국의 생활문화(?)가 있는데 그건 바로 빨래를 삶는 습관이었다. 기저귀도 전부 삶아서 햇볕에 널었다. 손이 가는 일이긴 했지만 옛날부터 보통 빨래도 흰 빨래도 이렇게 삶아 빨았다고 한다. 그 방법은 빨래와 빨래비누를 같이 넣든지, 빨래에 비누칠을 해서 3~40분 정도 삶아서 여러 번 헹구면 깨끗해진다. 행주는 물론이고 쉽게 더러워지는 걸레도 2~3일에 한 번은 삶아서 사용한다. 나는 이런 빨래 삶는 재미에 푹 빠져 버렸다. 단 흰 면류에 한해서만.....

외국에서 아기를 키우는 것은 불안과 기쁨이 교차하는 나날이어서 언제나 신생아가 아프지는 않는지 건강상태를 관찰하는데 온 신경을 썼다. 아기의 생활리듬을 찾기까지 육아 책은 나에게 가정교사와 같은 존재였다. 그리고 젊음은 무한한 힘을 가지고 있었다. 무슨 일이든 뭐가 뭔지 모르겠다고 불평을 할 틈도 없이 하나씩 하나씩 해결해 나가는 힘이 생겨난다.

남편의 귀가는 매일 밤11시 가까이였다. 대학에서의 실험이 바쁜 것은 알고 있었다. 남편이 돌아올 때까지 좋아하는 재봉틀로 아기 물건을 만들기도 하고 책을 읽기도 하면서 나름대로 만족스러운 시간을 보냈다. 직장을 떠나 본 적이 없던 나에게 잠시나마 여자로서의 행복을 느낄 수 있는 시간이었는지도 모른다.

직장(JAL)의 출산휴가는 3개월이었는데 육아에 전념하기 위해 퇴직을 결심했다. 아기를 키우는 것도 조금씩 익숙해져 가고 아기는 하루가 다르게 예뻐지고 이웃사람들에게도 귀여움을 받으면서 성장해 갔다. 이름은 일본어와 한국어 발음이 똑같은 것을 골라 「유미」라고 지었다.

한국에는 아기의 성장에 따라 100일 잔치와 돌잔치라는 만1세 생일파티가 있다. 돌잔치는 산신에게 아기가 아무 탈 없이 성장하기를 기도하는 것으로 유아기의 가장 큰 행사이다. 상위에 색색 깔의 떡과 과자, 과일을 차려놓고 가족과 친척들이 한자리에 모여 함께 음식을 나누고, 아기에게는 전통의상을 입혀서 잔치를 한다.

이날 아기 부모나 어른들이 제일 관심을 가지는 것은 상 한가운데 놓인 「연필」과 「돈」과 「실」이다. 한 살이 된 아기가 이 세 개 중에서 무엇을 제일 먼저 집는가에 따라 아기의 장래를 점칠 수 있다는 말이 있기 때문이다. 연필을 잡으면 학자가 되고 돈을 잡으면 부자가 되고 실을 잡으면 장수한다고 해서 모두가 아기의 행동을 즐거운 기대감을 가지고 지켜본다. 특히 남자아이 중에도 장남에게는 빠뜨리지 않는 행사가 돌잔치인 것이다. 우리 아이도 돌잔치를 기다리면서 건강하게 자라고 있었는데, 어느 날 갑자기 이변이 일어났다.

(2010. 2)

생명(2) / 진단

• •　　생후 7개월에 접어든 3월14일 저녁 6시쯤 수유를 하고 있을 때 아기가 갑자기 젖을 토했다. 조금 있다가 또 먹은 젖을 토했다. 울지도 않았다. 먹고는 토하고 또 먹고 토했다. 나는 바로 집근처 내과병원으로 달려갔다. 그런데 선생님은 「소화불량이네요」라며 별일 아니라는 어조로 「약 먹이시고 내일 또 오세요.」라고 한다. 나는 그런 선생님의 평온한 표정을 믿고 집으로 돌아왔다. 그러나 약을 먹지도 않고 또 토할 것 같은 상태가 계속되었다. 이제 더 이상 토할 것이 없는데도 웩! 하며 힘없는 소리를 내며 구역질을 계속했다. 어느 정도 시간간격을 두고 밤새도록 계속되었다. 더 이상 젖을 먹으려고도 하지 않는다.

아기를 팔에 안고 있으니 조그맣고 부드러운 전신이 부르르! 힘없이 경련을 일으키듯 구역질을 하고 있다. 간격은 조금씩 길어져 20분에 한 번 정도 약한 움직임을 느낄 정도가 되었다. 새벽 2시, 3시, 날이 밝는 것을 기다리기가 힘들었다. 아기는 조용히 인형처럼 가만히 있었다. 그러다 또 찾아오는 토할 것 같은 반응을 보이는 작은 움직임이 내 팔에 전해진다.

전날부터 남편은 학회로 서울출장 중이었다. 나는 아기를 안은 채 밤을 새웠다. 집에는 전화도 없었기 때문에 남편에게 전화를 할 수도 없었다. 그 당시 서울에서 대구까지 급행으로 6~7시간은 걸린 것 같다.

아침을 기다리면서 아기의 증상에 대해 생각해 보았다. 『육아와 질병』이라는 책에서 읽은 위험한 병의 증상들이 신경 쓰이기 시작했다. 그러나 나쁜 상황을 우리 아기와 연관시켜서 생각하고 싶지 않았다. 단순한 소화불량 같지 않다는 생각은 들었다. 걱정하던 중에 남편이 전에 「만약에 내가 없을 때 누가 아프거나 곤란한 일이 생기거든 이 병원에 가서 상담해 봐」라며 건네준 메모가 생각났다. 핸드백 안에 메모가 있었다. 아침 8시. 아기를 따뜻하게 싸서 꼭 안고 밖으로 나가 택시를 기다렸다. 8시가 조금 지나 택시를 잡아타고 중앙로 「김정수내과」라고 쓰인 메모를 보여주었다. 운전사는 곧 알겠다는 듯 고개를 끄덕이며 OK사인을 했다. 나는 안도의 한숨을 쉬었다.

병원에 들어가자 60대의 온화한 인상의 선생님이 차분하게 일본어로 말씀해주셨다. 인형크기만한 아기의 조금 부풀어 오른 배에 청진기를 대면서

「장운동이 약한 것 같네요」 라고 한다. 아기는 아무것도 먹지 않았는데 배가 조금 볼록하게 나와 있었다. 김 선생님은 잠시 후, 「나는 소아과전문의가 아니니까 소아과선생님을 소개해 드릴게요. 거기서 진찰을 받아 보는 것이 좋겠습니다」 라고 한다. 그리고 간호사가 나를 거기까지 안내해 주었다. 나는 중앙로에서 5~6분 골목으로 들어간 곳에 있는 「장소아과병원」으로 들어갔다. 그러나 걸어가면서도 장운동이 약하다는 김 선생님의 말씀을 생각하며 안 좋은 예감이 들었다. 장운동이 약하고 구역질을 하는 것은 장 폐색증 아니면 장 염전증이라는 것을 육아 책에서 본 적이 있었다. 몇 만 명 중의 한 명이라는 확률이 우리 아이의 일이 되면 어쩌나 하는 걱정을 했다.

장소아과 병원은 조용하고 환자는 한 명도 없었다. 선생님은 진찰을 하면서
「소화불량이니까 이 약을 먹이세요.」라며 별일 아니라는 듯이 말한다. 그리고 포도당주사를 한 대 주셨다. 그래도 나는
「선생님, 구역질 때문에 물도 마실 수 없는 상태인데 좀 자세히 진찰해 주시면 안 될까요?」
라고 애원하듯이 말하며 시간을 끌었다. 이대로 집으로 돌아가도 불안만 더해질 뿐이기 때문에 좀 더 납득(?)할 수 있는 진단을 해 달라는 마음에 필사적으로 부탁했다. 그 때 또 약하게 구역질 증상이 나타났다. 선생님은 다시 아이의 상태를 확인하더니
「관장을 해 봅시다」라며 곧 준비를 시작했다. 새하얀 기저귀에

한 방울의 선혈이 배어나왔다. 선생님은 진지한 어조로 「장염전증입니다」 라고 진단을 내렸다.
「역시!!!」 나는 눈앞이 캄캄해졌다.
치료방법은 수술 아니면 배를 위에서부터 만지면서 장이 꼬인 부분을 풀어주는 방법밖에 없다고 한다. 그러나 시간이 48시간을 넘으면 위험하니까 수술을 하는 것이 확실할 겁니다 라고 한다. 「이렇게 작은 갓난아기에게 장 수술이라니.....」 나는 혼란스러울 뿐이었다. 그러나 그 자리에서 결단을 내려야만 했다. 지난밤부터 17시간이나 지났고...... 그날은 마침 일요일이었다.
 외과병원으로 가든지, 대학병원으로 가든지 하지 않으면 안 되었다. 남편만 있었더라도 대학병원으로 달려갈 수 있었을 텐데.... 의사소통도 잘 안 되는 내가 보호자로서 이 아이의 생명을 책임지지 않으면 안 되는 이런 상황이 너무나도 끔찍하기 그지없었다.
 만약에 남편이 있었다면 대학병원 응급실로 들어갈 수도 있었을 텐데...라는 생각만이 나의 머릿속에 가득했다. 결단의 시간은 다가올 뿐이었다. 아기는 내 품안에서 가냘픈 숨소리만 내고 있었다.

생명(3) / 수술

•• 나는 알고 있는 외과병원도 없어서 그저 어쩔 줄 몰라 하고 있을 뿐이었다. 그러자 장선생님이
「아는 외과병원을 소개해 드릴게요.」라며 안내해 줄 간호사를 붙여주셨다. 장소아과병원에서 100m정도 걸어서 중앙로로 나왔다. 12시가 훨씬 지난 시간이었던 것 같다. 중앙로를 대구역방향으로 10분정도 걸어가서 오른편에 있는「공외과의원」에 도착했다.
 병원에 들어가자 넓은 진료실 한가운데에 탁구대 같은 큰 진찰대가 하나 놓여 있었다. 외과병원은 너무나 살벌한 풍경이었다. 그 위에 힘없이 눈을 감은 아기를 눕혔다. 백발에 작고 통통한 선생님은 일본어를 조금 하셨던 것으로 기억된다. 선생님은 아기의 부어있는 배를 한두 번 손가락으로 눌러보셨다. 아기는 처음으로 조그맣게 울음소리를 냈다. 지난밤부터 우는 일도 없더니, 아픈 곳을 건드려서 아팠던가보다.「장염전증입니다」라고

선생님은 침착한 어조로 말했다. 그리고 「곧 수술을 시작하겠습니다」 라고 기계적으로 말한다. 지체할 시간이 없다는 뜻인 것 같다.

나는 애기아빠도 없는 상황에서 만일의 사태가 생기면 어쩌나 하는 두려움에 휩싸였다. 그러자 순간 머릿속에 떠오른 것은 남편의 하나 뿐인 누나였다.
「선생님! 잠깐만 기다려주세요. 이 애 고모를 불러서 같이 있게 해 주세요」 나는 간곡하게 부탁을 하고 시누를 부르러 달려갔다. 달려가면서 만약 제시간에 못가면 큰일인 데... 라는 걱정을 할 겨를도 없었다. 내 머릿속에는 아기가 장수술을 하는 것이 죽음을 앞에 둔 상황이라는 두려움으로 가득했다. 그 죽음을 나 혼자서 지켜볼 수는 없다는 공포에 휩싸여 있었다. 어떻게든 시누를 불러오지 않으면 안 된다는 마음뿐이었다. 그 집에도 전화는 없었다. 목적지를 한국어로 말하지 못했기 때문에 택시를 탈 수도 없었다. 2킬로 정도 되는 길을 정신없이 달렸다. 3월의 꽃샘추위의 차가운 바람은 뺨을 에이는 듯 했다. 「종합운동장까지 가 주세요」 이 한마디를 한국어로 말하지 못하는 서러움! 이 발음은 나에게 너무나 어려웠던 것이다. 겨우 한 번 가 본적 있는 시누 집을 찾았다.

시누 부부는 집에 있었다. 나는 아기가 수술하게 된 것을 얘기하고 택시로 병원까지 급히 돌아왔다. 내 마음속에는 이 갓난아기가 장수술을 해야 한다고 들은 순간 「생명」이라는 의미와 직결시켜 생각했던 것이다. 머릿속은 패닉 상태였다. 남편이 없더라도 시누 부부와 아기 곁을 지킬 수 있다는 생각만으로 마음이 든든했다. 무슨 일이라도 이겨낼 수 있을 것 같았다.

병원에 도착한 것은 오후 2시 반. 외과선생님을 면회하려고 한 순간 우리 앞에 나타난 것은 서울에 있을 남편이었다. 이게 꿈인가! 생각했다. 남편은 「수술은 끝났어」 라고 한마디로 말했다. 그리고 개복을 해 보니 의외로 안은 깨끗했고 옆에 있던 맹장도 절제했다고 한다. 오늘밤 열만 나지 않는다면 괜찮을 거라고 한다. 나는 그 말을 듣자마자 어젯밤부터 쌓인 걱정과 긴장감이 풀려서 그 자리에 주저앉고 말았다. 한 두 시간 후 조금 안정을 되찾고 남편이 어떻게 왔는지를 물어보았다. 학회는 일요일까지인데 이상하게 집이 걱정돼서 야간기차를 타고 아침에 집에 돌아와 보니, 이웃집 아주머니에게서 아기가 아픈 것을 듣고, 메모가 생각나서 김정수내과병원으로 급하게 갔다고 한다. 그리고 소아과병원에 가서 공외과병원까지 오게 되었다는 것이다. 이런 것을 두고 이심전심이라고 하는 것일까!

밤은 깊어 가는데 시누도 남편도 나도 한숨도 못자고 아기의 상태를 지켜보았다. 새벽1시, 2시, 3시 점점 시간이 지남에 따라 열도 높아졌다. 42도까지 올랐다. 원장선생님이 급히 오셔서 옆에 같이 계셔주셨다. 새벽녘 4시쯤이었을 것이다. 열이 내리기 시작하자 선생님은 안도의 표정으로

「여러분도 이제 좀 쉬십시오」라고 한다. 고비를 넘긴 것 같았다. 주위 모두의 간호를 받으며 작은 생명은 살아났다. 그리고 1주일 후 무사히 퇴원을 하게 되었다. 그 후 이 애는 커서 무슨 이유인지 의사가 되었다.

집으로 돌아오니 슬픈 소식이 기다리고 있었다. 언제나 우리 애를 예뻐해 주던 앞집에 살던 17살짜리 식모가 갑자기 죽었다는 것이다. 맹장염인데 빨리 병원에 가지 못해서 그렇게 되었다는데 친부모 밑에 있었다면 이런 일이 없었을 텐데... 불쌍해서 견딜 수 없었다. 악몽 같은 1주일 동안 「생명」 의 생환과 덧없는 죽음이 교차했던 나날이 지나갔다.

울타리의 개나리는 따뜻한 봄 햇살을 받으며 노란 꽃봉오리를 한껏 부풀리고 있다.

(2010. 2.)

한국에서의「꽃꽂이」

•• 한국에서 가장 아름다운 계절은 4월 중순이다. 파란 하늘 아래 벚꽃이 피기시작하면 그 아래쪽에는 개나리가 샛노란 빛을 내면서 대지를 비춘다. 여기저기에서 연둣빛 새순이 봄바람에 흔들리고 어김없이 돌아오는 봄은 모든 이의 마음을 기쁨으로 설레게 한다.

1971년. 벌써 40년 전의 이야기다. 창문으로 비치는 기분 좋은 햇살을 바라보고 있자니 나도 모르게 일본의 봄이 생각났다. 깊숙이 넣어둔 꽃꽂이 도구를 꺼내어 2년 만에 꽃을 꽂아 보고 싶은 생각이 들었다. 번화한 중앙로의 꽃집에 갔으나 꽃꽂이용 꽃은 거의 없고, 눈에 들어오는 것은 카네이션과 두 세 종류의 국화뿐이었다. 초록색으로는 아스파라거스가 있는 정도였다. 조금은 평범한 재료였지만 생화를 사서 손으로 만졌을 때의 그 감촉은 너무나도 나의 마음을 평온하게 해 주었다. 어디서나 쉽게 볼 수 있는 몇 송이의 붉은 카네이션과 짙은 녹색 레이스와 같은 아스파라거스가 전부였지만 민민한 방을 생기 있고 환하게 해주는 것을 보니 너무나 기뻤다.

당시 한국은 사회적으로 꽃꽂이를 취미로 할 만한 상황이 아니었다. 대다수의 서민들은 매일 그날의 끼니를 걱정하지 않으면 안 되었던 것이다. 한편 부잣집 사모님들은 식모를 쓰면서 취미라고는 딱히 없이 낮잠이나 화투놀이로 시간을 보내고 있었던 것이다. 이런 이야기를 듣고 나는 정말 쇼크를 받았다. 당시 제대로 된 가전제품이라고는 하나도 없는데도 집안일을 전부 식모에게 맡길 수 있는 사회였던 것이다.

그런데 오랜만에 꽃꽂이를 한 그날, 생각지도 않은 손님이 찾아왔다. 근처에 사는 젊은 새댁이었던 것이다. 내가 일본사람이란 것을 알고 왔겠지만 현관에 들어오자마자 방에 있는 꽃을 보고 무언가 대발견이라도 한 것처럼 눈을 반짝이며

"꽃꽂이하실 줄 아세요? 가르쳐주시면 안 될까요?"

이렇게 붙임성 있게 직접적으로 말하는 것이 이쪽 사람들의 민족성이기도 하다. 그 새댁은 명문 이화여자대학을 졸업한 피부가 희고 아름답고 교양 있는 여성이었다. 나는 오하라류(小原流)의 교수면허증을 가지고 있었기 때문에 "좋아요"라고 대답했다.

그녀는 당시 세계적으로 붐을 일으킨 일본 꽃꽂이에 대한 정보를 알고 있었던 것이다. 일본은 전후에 물자가 없어 가난했던 때에 소게쯔류(草月流)의 테시가하라 소우후(勅使河原蒼風), 오하

라류의 오하라호우운(小原豊雲)이 생화를 대신하여 돌이나 철재 등의 무기질 소재를 사용하여 만들어 낸 '전위꽂꽂이'가 미국을 비롯한 유럽과 러시아까지 보급되던 시기였다.

한 달 후 수업을 시작하려고 하니 여러 가지 문제에 부딪혔다. 우선 도구를 구할 수 없었던 것이다. 수반은 골동품가게에서 일본제로 두 개를 구했다. 하지만 침봉이나 꽂꽂이용 가위 같은 것도 없는 실정이었다. 꽂꽂이가 없는 나라이니 그럴 수밖에 없는 일이었다. 꽂꽂이 가위나 침봉은 동네의 작은 철물점에 직접 가서 일본에서 가져온 가위와 침봉을 보여주면서 만들어 달라고 부탁했다. 그러나 그보다 더 큰 문제는 꽂꽂이에 사용할 만 한 꽃 재료나 종류가 너무 적은 것이었다. 당시 대구 동성로에 있는 꽃집을 소개받았다. 오랫동안 꽃집을 해왔다고 어느 정도 이름이 알려진 곳이었다. 조금 통통한 체형에 붙임성이 있어 보이는 50대 아주머니는 일본 어디에나 있을법한 인상 좋은 사람으로 친절하게 일본어로 말을 걸어왔다. 꽂꽂이 할 재료가 너무 적다고 말하자

"제가 최대한 구할 수 있는 것은 다 구해 드릴 테니 필요한 꽃이 있으시면 뭐든지 말씀해 주세요."

라고 한다. 처음 만나는 꽂꽂이 선생에게 만면에 미소를 띠우며 일본인인 나에게 이렇게도 친절하다니.... 나는 호의적인 꽃집주인을 만나고 안도의 한숨을 쉬면서 집으로 돌아왔다.

그리고 2, 3개월 후 갑자기 수강생이 늘기 시작해서 수반이 모

자라게 되었다. 수반이 없어서 주방용 아크릴 용기를 이용하기도 했다. 궁할 때일수록 사람들은 지혜를 짜내는 법이다. 세면대의 도기를 보고 아이디어를 얻어 그 공장을 찾아갔다. 일본의 꽃꽂이화기를 소개하는 카탈로그를 찾아내어 들고 갔다. 그리고 흰색과 검은색 수반을 주문하였다. 많이 무거웠지만 튼튼하고 모양도 아주 예쁜 수반이 이렇게 탄생하게 되었다. 이제야 겨우 희망의 빛이 조금 보이는 듯했다.

그러나 아직 준비는 끝나지 않았다. 꽃꽂이 교실의 이름을 정하는 일이 남아있었다. 반일감정이 강하게 남아있던 시절이라 '오하라류 꽃꽂이교실' 이라고 이름을 붙일 수는 없었다. 그렇다고 '요코야마' 라는 본명을 공식적으로 사용하기도 힘들었다. 이름을 두고 고민하던 중 남편의 성을 빌려서 '서경자꽃꽂이교실' 로 하기로 한 것이다. 한국에서는 여자가 결혼을 하더라도 본인의 성을 그대로 사용하고 자녀들은 아버지의 성을 따른다.

집에서 하던 '꽃꽂이교실' 은 몇 개월 후 대구백화점 5층으로 이전하였다. 나의 예기치 않은 한국에서의 '꽃꽂이' 인생은 이렇게 시작되었다.

(2011. 12. 10)

김장김치

●● 「배추는 벌써 샀어?」

「네, 5일전에 샀어요. 배추 20포기하고 무 5단요」

「그럼 내일 낮에 갈게.」시누의 전화이었다.

가을 수확 철이 되면 한국에서는 겨울을 준비하는 김치를 일제히 만들기 시작한다. 월동용 김치를 담그는 것으로 이것을 김장김치라고 하며, 가정의 연중행사이다.

12월 초 한 해를 마무리 할 시기에 주부들은 김장준비에 분주하다. 40년 전의 일이다. 한국에 산 지 2년째 되던 해 겨울에 나도 시누에게 김장김치 만드는 것을 배우기로 했다.

생활이 지금처럼 풍족하지 않았기 때문에 김장김치는 결코 없어서는 안 되는 음식이었다. 5~6인 가족은 배추를 50포기에서 100포기까지 만드는 집도 적지 않았다. 딸이나 아들에게 나눠주기 위해서다.

김장철이 되면 낮 기온은 5도에서 0도 가까이 된다. 날씨가 추워져야 김장을 담그기에 적합하다고 한다.

배추는 신선한 것보다 4, 5일 두었다 담그는 것이 맛이 좋다고 한다. 김치는 먼저 배추를 소금에 절인다. 큰 통에 소금물을 만들고, 배추 겉쪽의 푸른 잎을 제거하여 둘로 잘라 소금물에 넣는다. 배추전체가 숨이 죽도록 다음 날 아침까지 절인다.

배추의 염도 조절은 나중에 김치 맛을 좌우하기 때문에 매우 신경을 쓴다. 이 작업은 수돗물을 사용할 수 있는 바깥 수돗가에서 한다. 개인주택에는 대개 바깥에 수돗가가 있는데 최근 맨션에는 주방 안쪽에 다용도실이 있어, 바닥을 물로 씻을 수 있는 수도가 있다. 여기는 김장에 꼭 필요한 공간이다.

「다음은 뭘 준비할까요?」

「다음은 양념을 만들건데 올해는 처음이니까 제일 간단하게 해보자」 며 시누는 무, 당근, 파를 채로 썰라고 한다. 이것도 배추 20포기에 맞추어야 하기 때문에 꽤 많은 양을 준비한다.

저쪽에서 시누는 50개 정도 되는 마늘을 물에 불려서 껍질을 벗겨 가정용 절구에 빻는다. (지금은 마늘을 빻아서 양념용으로 고춧가루와 섞어주는 곳이 있다) 잘 빻은 후에 마늘과 2되 정도의 고춧가루와 멸치젓을 물과 함께 넣어서 걸쭉하고 선명한 빨간 양념을 만든다. 거기에 채 썬 야채를 넣어 잘 섞는다. 소금 간은 멸치젓으로 조절한다. 이것으로 김치를 담글 양념준비가 끝난다.

밖은 살을 에는 듯 추운 날씨다. 그래도 다음으로 소금에 절인 배추를 꺼내어 2등분한 것을 다시 둘로 나누는 작업을 한다. 김치는 배추 한 포기를 4등분해서 김치를 담는다. 그때 배추 밑의 딱딱한 부분은 부드럽게 잘라내고 전부 먹을 수 있도록 정리하여 깨끗하게 물로 씻어서 필요 없는 염분이나 더러운 것을 씻어낸다.

새로 절인 배추를 조금 떼서 맛을 본 시누는「잘 절여져서 다행이네」라며 만족한 듯하다. 바깥의 냉기 때문에 차가운 수돗물이 미지근하게 느껴지는 것이 이상할 정도였다. 씻은 배추는 대나무 소쿠리에 건져서 1시간 이상 물을 뺀다.

모든 준비가 끝나면 점심을 먹고 오후에는 부엌에서 양념을 넣기 시작한다. 스테인리스 대야에 3리터 정도의 양념을 넣고, 배추를 한 개씩 넣고 빨간 양념을 배추표면에 골고루 바른다. 그리고 한 잎 한 잎 빨간 양념을 바른다. 게다가 배춧잎 사이사이에 채 썬 야채도 적당하게 넣어 골고루 빨간 양념이 발리면, 겉잎 한 장으로 전체를 감싸듯이 만다.

양념 비벼 넣는 것이 다 끝나면 보존용 항아리에 한 단씩 넣는다. 중간 중간에 적당한 크기로 썬 무를 끼워 넣으면서 2단 3단으로 쌓아 넣고 단단히 뚜껑을 덮는다.

1주일 정도면 먹을 수 있는데 온도를 일정하게 유지하기 위해 마당 한 구석에 구멍을 파고 항아리 4분의 3정도까지 묻어서 보관한다. 흙 안의 일정한 온도를 이용하는 조상들의 지혜가 담긴 보존방법이리라. 바로 먹을 것은 작은 항아리에 따로 담아서 부엌에 보관한다.

김장이 끝나면 연중행사의 무거운 짐은 일단 벗게 된다. 이 행사는 친척이나 가까운 이웃사람들과의 공동작업으로 시끌벅적하게 하는 것이 보통이다. 그리고 김장김치는 그날 도와주러 온 사람들에게 김치를 조금씩 나눠주는 것이 관습으로 되어 있다.

김치에는 굴이나 갈치, 오징어를 넣는 등 다양한데 주부들의 음식솜씨를 뽐낼 수 있는 기회이기도 하다. 김치에 고춧가루가 사용되기 시작한 것은 17세기 후반부터로 남방에서 전해진 고추는 일본에서 한국으로 건너가게 되었다고 한다.

각 가정에서 먹는 김치의 종류는 많은데 배추 이외에 무나 오이김치, 국물을 먹을 수 있는 물김치 등 계절에 맞는 김치도 많이 있다. 그 중에서도 배추김치는 다양한 요리의 기본재료가 되며 의식동원인 한국요리의 근본이기도 하다.

(2013. 12.)

도자기 방울

• • 1978년경 한국에서의 일이다. 석가탄신일이 가까운 어느 봄 날. 주위는 너무나도 조용한 한밤중. 나도 깊은 잠에 빠져있었는데 밤의 장막을 깨우는 맑은 방울소리가 심하게 울렸다. 비몽사몽간에 들었어도 다급한 듯 세게 울리고 있었다. 서너 번 울린 것 같았다. 그 소리는 꿈이 아니라 시어머니가 방울소리로 우리들을 부르고 있다는 것을 알아차렸다. 분명히 방울소리가 난 것이다.

서둘러 거실 건너편에 있는 시어머니 방으로 들어가자, 시어머니는 희미한 전등불 아래에서 힘없이 몸을 축 늘어뜨리고 있었다. 용변을 본 후 거기서 일어나시지 못했던 것 같다. 그런데 상태가 조금 이상했다. 방울을 이렇게 세게 흔드신 것이 처음이라 보통 때와 다른 불안감을 느꼈다.

시어머니는 오랫동안 대구에서 조금 떨어진 시골에서 혼자 사셨는데, 한 달 전부터 건강이 안 좋아지셔서 우리 집에서 요양을 하고 계셨다. 우리 집은 양옥이라 문을 닫으면 큰소리로 불러도 다른 방까지 소리가 잘 들리지 않는다. 그래서 나는 일본에서 사온 도자기로 된 방울을 호출용으로 사용하시도록 시어머님 머리맡에 놓아 둔지 1주일 정도가 지났던 것이다. 그 도자기로 된 방울은 크기가 10센티 정도 되는 귀여운 소녀모양의 서양 인형인데, 맑고 아름다운 소리가 멀리까지 잘 울렸다.

나는 자고 있던 남편을 급하게 깨우고 시어머니 방으로 돌아왔다. 시어머니는 아들이 자기 옆에 온 것을 아셨는지
「야야, 눕혀도」 라고 힘없는 목소리로 말씀하셨다. 남편은 아기를 안듯 어머니를 조용히 양팔로 안아서 한참동안 얼굴을 보면서 「어머니!」 「어머니!」 하며 어머니를 불렀다. 시어머니는 눈을 뜬 채 멀리 천장을 바라보고 계셨는데, 곧 눈동자의 초점이 흐려지다 어딘가로 사라져 버렸다. 남편은 떨리는 마음을 참으며 「어머니!」 「어머니!」 라고 다시 불렀지만 대답은 없었다.
「이제 안 되겠다!」 라고 나지막이 말한 남편은 어머니를 안고 있던 큰 오른 손으로 살며시 눈을 감겨드렸다.
군에서 위생병이었던 그는 전장에서 부상당한 군인들의 마지막을 수없이 보았다고 한다. 그는 쇠약해져서 마르고 작아진 어머니의 몸을 안아서 조심스럽게 이불위에 눕혀 드렸다. 어머니는 하나뿐인 아들의 듬직한 팔에 안겨서 이 세상을 떠나신 것이다.

향년 78세였다.

정신을 차린 남편은 믿을 수 없는 현실에 안절부절 못하고 있었다. 나는 문득 시어머니가 매일 빠짐없이 들으시던 불교의 독경이 생각나서 「금강경」을 틀어놓고 조용한 독경소리를 들으면서 마음을 진정시켰다.

시간은 새벽 2시 25분. 당시 한국에는 계엄령이 선포되어 새벽 4시까지는 일체 외출을 할 수 없었다. 주치의였던 사촌형에게 연락도 할 수 없어 우리 둘은 그저 말없이 독경을 들으면서 아침을 기다렸다.

시어머니는 38살에 남편과 사별하고 어린 딸과 아들을 혼자 힘으로 길러냈다. 그녀의 삶은 불교와 하나뿐인 아들의 성공을 믿고 기도하는 것뿐이었다. 나는 시어머니와 친하게 대화를 할 수는 없었지만 무언중에도 서로에 대한 신뢰를 느꼈다. 일본인에 대한 심적인 갈등도 긴 세월 동안 정화되어 며느리와 시어머니 관계라기보다 한 사람의 여성으로서 서로를 인정할 수 있었던 것이 기뻤다. 돌아가시기 3일전에 손위시누가 우리 집에 묵었다. 그 때 딸과의 대화에서 며느리인 나에게 고맙다는 말을 하셨다고 들었다.

그 날 나는 처음으로 죽음의 장면을 목격했다. 사람의 영혼은 어디로 가는 것일까! 그날 내 눈에는 부처님께 합장하며 평온하게 앉아있는 시어머니의 모습이 보였다. 이것은 이 세상을 떠나는 사람의 신앙심이 떠나보내는 유족의 마음에 평안함을 남겨준다는 것을 가르쳐주시는 듯했다.

시어머니가 돌아가신 지 30년 가까이 되었는데, 언젠가 맞게 될 나의 죽음을 생각하면서 요즘 들어 그때 일이 자주 생각나곤 한다. 도자기로 된 인형은 장례관습에 따라 부수어서 땅에 묻었다. 하지만 그 방울소리만은 지금도 여전히 내 귓가에 생생하게 남아있다.

(2009. 10. 20)

튤립이 있는 정원

●● 1975년 때 이야기니까 지금으로부터 38년 전이 된다. 한국 대구시 수성구는 아직 도시개발이 이루어지지 않아 조용한 전원풍경을 간직하고 있었다. 그 무렵 아직 밭이었던 고지대에 10채 정도를 지을 수 있는 아담한 새 주택단지가 생겼다.

수성구의 중심인 범어로터리에서 걸어서 5분정도에 있는 주택단지의 아래쪽에는 잡초에 둘러싸인 호수 같은 큰 늪이 있었다. 그곳은 원래 복숭아밭이었다고 하는데 완만한 언덕으로 되어 있었다. 언덕을 따라 높이를 달리하는 빨강과 파랑의 모던한 지붕이 있는 주택은 멀리서 보면 호수 옆의 별장처럼 보였다. 우리 가족 최초의 마이 홈도 이곳에 있었다.

한국사회는 아직 안정되지 않았고 새롭게 일어서기 위해 모두가 열심히 생활하던 때라 거리는 북적대고 시끌시끌하고 바쁜 듯 했다. 아파트도 없고 개인주택이 겨우 생기기 시작하던 시기로, 우리 집은 민간 T건설회사가 대구에 처음으로 지은 주택단지였다.

요즘 같으면 착공 전에 도로나 생활기반을 정비하고 주택을 짓지만 당시에는 그런 준비 없이 공사부터 시작되었던 것 같다. 그 증거로 건축이 끝났는데도 수도를 사용할 수가 없었다. 입주하고 한동안은 드럼통을 리어카로 끌고 와서 3일에 1번 물을 팔러 오는 물장수에게 의존할 수밖에 없었다. 얼마 후 간이수도가 놓여졌다. 그 때 마시는 물은 보리차를 끓여서 먹지 않으면 안 된다고 집안일을 도와주는 아주머니가 알려주셨다.

도로가 포장된 것은 5~6년 뒤였다고 기억한다. 6미터 폭의 도로는 노란색을 띤 점토질의 흙이어서 비가 내리면 길이 미끄러웠다. 게다가 물웅덩이가 많아서 택시라도 타려면 운전수 아저씨는 「이런 길은 아무도 안가고 싶어합니다」라고 싫은 내색을 한다. 그러면 「죄송해요. 요금을 좀 더 낼 테니까 부탁드려요.」라고 정중하게 부탁해야 겨우 우리 집까지 타고 올 수 있었다.

이런 저런 불편함이 있었지만 처음으로 생긴 마이 홈에는 작은 기쁨도 있었다. 같은 단지 사람들은 30대 후반의 샐러리맨 가족이 많았다. 대학교수나 법무부, 전신전화국 등에 근무하는 동년배의 사람들이었다. 그 중에서도 국립, 사립대학의 교수가 4명이나 있어서인지 「교수주택」 이라고 불리며 이웃사람들끼리 사이좋게 지냈다.

대지는 집집마다 똑같이 80평 이상으로 우리 집도 95평정도가 되었다. 각각의 집은 1.5미터 높이의 담으로 대지를 둘러싸는 것이 옛날부터 내려오는 방식이었다. 건물은 붉은 벽돌로 지은 지붕이 조금 넓은 단층집이었는데, 남향에 있는 정원은 비교적 넓었다. 높은 벽돌 담 안쪽에는 남편이 좋아하는 일본적인 크고 작은 단풍나무 5그루를 심었다. 대문 근처에는 라일락을 심었고 일정한 간격을 두고 사과나무와 아이들을 위한 앵두나무 등을 심었다.

대문에서 현관까지는 붉은 벽돌로 작은 길을 만들고 중앙에는 넓은 잔디밭을 만들었다. 9월 하순에 남편은 작은 길 양쪽에 튤립 밭을 만들어 100개정도의 튤립을 심었다. 튤립 꽃은 한국에서는 쉽게 볼 수 없는 꽃이었는데 대학의 농학과에 부탁해서 구해온 것 같았다. 꽃이나 야채를 기르는 것을 좋아했던 그는 식물을 기르는 것을 정말 잘했다.

이듬해 봄, 추운 겨울에도 끄떡없이 겨울을 이겨낸 튤립에서 조금씩 싹이 나기 시작했다. 남편은 매일 아침마다 일어나면 곧장 정원으로 나갔다. 넓은 잔디밭을 둘러보기 전에 튤립 하나하나를 꼼꼼히 보살폈다. 5월이 되자 짙은 녹색 잎도 커지고 꽃봉오리도 생겼다. 빨간 색과 노란 색이 희미하게 보이기 시작했다. 5월 하순의 따뜻한 햇살이 내려쪼이자, 그 빛을 반사하며 눈을 뜨는 것처럼 짙은 빨간 색 튤립이 한꺼번에 10개씩 피기 시작했다.

따뜻한 봄의 태양빛을 받으면서 의연하게 피는 이 꽃의 조용한 위엄은 일찍이 극소수의 유럽 상류사회 사람들로부터 사랑받아

왔다. 1554년부터 수백 년 동안 세계 여러 사람들에게 그 아름다움을 높이 평가받아 온 터키에서 탄생한 튤립.

여러 가지 색의 꽃이 만개하면 우리 집 앞을 지나가는 사람들을 위해서 평소에는 닫아두던 대문을 활짝 열어 모두에게 공개했다. 5살과 7살짜리 딸 둘은 꽃들 사이를 날아다니는 하얀 나비와 함께 작은 새처럼 뛰어 다닌다. 정원에서 기르던 애견 해피도 딸들의 아이돌이다. 잔디가 있는 정원은 며칠 동안 생기가 넘치는 꿈의 화원이 된다.

꽃이 완전히 지고 나면 6월에는 가족 모두가 튤립구근을 파낸다. 깨끗하게 씻어서 그늘에다 말린 후 가을이 되면 그것을 다시 정원에 심어서 겨울을 난다. 이렇게 해마다 불어난 튤립은 4~5년 만에 300개 이상의 꽃을 피우게 되었다.

지금은 딸 둘도 결혼하여 각각 다른 나라에 살고 있다. 남편도 이제 내 곁에 없다. 그렇지만 「튤립이 있는 정원」 이라는 말을 들으면 우리들은 가족의 공통어처럼 지난날의 추억을 떠올린다. 앞으로 더 많은 시간이 흘러도 「튤립이 있는 정원」은 우리 가족의 마음속에서 잊히는 일은 없으리라.

(2012. 12. 7)

「미」에 매료되어

•• 한국생활도 8년이 되어갈 무렵 두 딸은 6살과 4살이 되었다. 다행히 아이들을 잘 돌봐주는 가정부를 만났다. 대구백화점의 「꽃꽂이 교실」은 의외로 수강생이 많아서 바쁜 나날이 계속되었다. 남편은 대학 강단에서 학생들을 가르치며 자신의 연구에 여념이 없어서, 우리 부부는 각자 자신의 일에 쫓기는 하루하루를 보내고 있었다.

그런데 매년 개최하던 꽃꽂이 전시회장에서

「자연스럽게 피어있는 모습만으로 충분히 아름다운 꽃을 일부러 잘라서 감상할 필요가 있을까! 이건 너무 잔인한 것 같네!」 라며 쓴웃음을 지으며 말하는 아저씨가 있다.

「꽃의 생명을 좀 더 아름답게 재현해 보고 싶은 인간의 욕망의 표현인지도 모르겠네요!」 라고 맞장구 치듯 대답하고 나서

「그럼 여러 가지 꽃들의 아름다움을 감상해 주세요」 라는 인사

를 하고 그날은 끝났다.

꽃꽂이 전시회는 이 나라에서 아직 낯설었다. 서울에서는 한국 꽃꽂이계의 창시자 임 화공(任華公), 고 하수(高霞水)선생님의 회원전과 부산에서는 황 수로 선생님이 계신 정도였고, 대구에서 정기적인 전시회는 나의 회원전 뿐이었다. 그 아저씨의 생각도 무리는 아니다. 꽃꽂이는 일본에서 전통적으로 내려오는 것이었기 때문에 나는 꽃을 자르는 것에 대해 어떤 의문을 가진 적이 없다. 꽃을 배울 때는 아름다운 형태를 만드는 것에만 몰두하고 있었다.

그런데 꽃꽂이를 가르치기 시작하면서 계속 마음에 걸리는 것이 있었다. 전통이 없는 외국인에게 「꽃꽂이」를 가르칠 때 일본의 전통문화를 설명하는 것만으로는 무언가 부족함이 있다. 아름다운 것을 설명할 수 있는 이론을 알고 싶었다. 「미학」을 배움으로서 그 실마리를 찾을 수 있을지도 모른다고 마음속으로만 생각하고 있었다.

1976년 3월. 다행히 기회가 찾아왔다. 독학으로 공부하기 시작한 한국어도 조금씩 자신감이 생기기 시작한 42살의 봄. 계명대학 철학과 대학원에 입학하게 되었다.

남편에게는 비밀이었다. 가정주부가 40대에 공부를 시작하는 것은 세상의 상식을 깨는 행동이라는 것을 알고 있었기 때문이다. 미안하기는 했지만 비밀로 하고 시험을 보았다.

대학을 졸업하고 10년 만에 듣는 수업은 10분이 1시간처럼 길게 느껴졌다. 집중과 긴장 속에서 잘 들리지 않는 단어는 수업의 걸림돌이 되었다.

지금도 잊을 수 없는 에피소드가 있다. 첫 수업에서 들은「전위」라는 단어다. 그날은「전위예술」에 대한 수업이었는데「전위」라는 단어를 못 알아들어서 다른 내용을 하나도 이해하지 못했다. 영어인 것 같지만 영어는 아니다. 한국어일 것이다. 같은 단어는 수업이 끝날 때까지 13번이나 나왔다. 그날은 그 단어가 몇 번 나오는지 세다가 1시간이 끝났다. 집에 돌아와서 그제야 그게「전위」였다는 것을 알았다. 그 후로는 수업 중에 나온 단어를 메모해서 그 의미를 집에서 조사하는 나날이 계속되었다. 밤늦게 남편이 돌아올 때까지 복습을 계속하다가 남편이 돌아오면 공부하던 책을 감추었다. 그리고 3개월이 지난 어느 날 결국 남편이 알게 되었다. 미처 감추지 못한 낯선 책이 남편 눈에 띄게 된 것이다.

「대학원에 들어갔어?」

「. . . . . . .」

「잘했어. 잘했어. 축하해!」

생각지 못한 남편의 말이다. 안도의 마음과 함께 감사의 마음이 밀려왔다.

며칠 후『한국사상사』30권이 소포로 왔다. 남편으로부터의 선물이었다.

그 해 미션스쿨인 이 대학 철학과에 독일, 프랑스, 미국에서 유학을 마친 3분의 교수가 새롭게 초빙되었다. 나는 독일에서 돌아온 백 교수님의 지도를 받게 되었다. 선생님은 10년간의 독일유학을 마치고 학문 한 길만을 걸어온 온화한 성품을 가진 분이셨지만 안에는 강한 열정을 품은 성인과 같은 분이셨다. 나는 언어와 나이의 핸디캡을 가졌음에도 불구하고 선생님의 혼신의 지도하에 3년 만에 「W· 델타이의 미학론」이라는 석사논문이 통과됐다.

이 공부는 이전보다 더 일본의 꽃꽂이의 역사와 전통을, 더 나아가서는 문학 속의 꽃에 대한 이해를 깊게 해 주었다. 그리고 한국의 꽃의 역사나 궁중의 장식화 연구에도 도움이 되었다. 이렇게 꽃꽂이 예술론에 도움이 되는 것 이상으로 나의 진로를 넓히는 계기가 되었다. 이듬해 3월, 같은 전문대학의 전임강사가 되었다. 1975년부터 대학과 전문대학에 일본어강좌가 일제히 개설된 것이다. 그래서 일본어교사는 수요를 따라가지 못했고 특히 네이티브 스피커는 여전히 부족한 상황이었다. 나는 그런 시기에 행운아였는지도 모른다. 한국에서 일본어의 부흥의 기세는 놀라울 정도였고, 일본어는 젊은이들의 꿈이었고 미래를 살아갈 무기였다.

그렇지만 「꽃꽂이」는 나에게 삶의 활력을 주는 것 이상으로 이 나라에서 많은 사람들과 깊은 인연을 만들어준 소중한 존재였다.

(2012. 1. 10)

인생의 계단

• •　대구백화점 커피숍에서 커피를 마시고 있던 어느 날, 계명대학 미술학과에서 Y대학으로 옮긴 미술대학 J교수를 우연히 만났다. 그도 대구백화점에 아틀리에를 가지고 있던 적이 있었다. 평소와 같이 밝은 표정으로 「Y대학에 이력서를 내 보시면 어떨까요?」 라고 인사를 대신하여 나에게 제안을 해 주었다.

나에게는 아닌 밤에 홍두깨였다. 전문대학의 전임이 된 지 1년밖에 지나지 않았기 때문에 다른 것을 생각 할 겨를이 없었다. 꽃꽂이교실을 시작한 지도 10년 가까이 되어, 많은 제자들이 성장하여서 꽃꽂이를 지도할 수 있는 제자까지 배출되었다. 1980년 45살 때의 일이다.

Y대학은 당시 P대통령 소유로 대구에서는 국립 K대학 다음으로 큰 사립 종합대학이었다. 역사도 길고 노교수도 많아서 만약에 옮긴다고 하더라도 나에게는 부담스러운 곳이었다. 겉으로

보기에 보수적으로 보이는 Y대학에도 일본어교육과가 신설되는구나! 라고 남의 일처럼 생각했던 것이다.

나는 꽃꽂이에 열중하고 있었다. 전문대학의 전임도 나쁘지 않았고, 같은 계열에 있는 대학에 강사로 불려 다니는 경우도 자주 있었는데, 그때마다 마음속으로 대학에서 가르치는 것에 대한 매력을 느끼고 있었다.

한국에서는 새해나 특별한 행사가 있을 때는 「운세」를 보는 주부가 적지 않다. 혼사가 있을 때 궁합을 보는 집도 있다. 남편의 누나는 일찍 미망인이 되고나서 5명의 자녀를 잘 키우기 위해서 자주 점을 보곤 했다. 나는 이 나이가 되어서 직업을 고민하리라고는 생각지도 못했지만, 인생에 또 하나의 계단이 준비되어 있다면 한 계단 더 올라가는 것도 나쁘지 않을 것이라도 생각했다. 그러나 알 수 없는 일이었다. 그래도 꽃꽂이 선생과 대학 전임교수에 대한 사회적인 가치관이 다른 것은 분명한 것이었다. 그 해 남편은 1년간 교환교수로 일본에 가고 없었다. 가장 가까운 상담 상대가 없었던 나는 시누에게 점을 부탁했다. 히카루겐지(光源氏)의 운명을 결정지은 당나라의 점술사 이야기가 예전부터 머릿속에 남아있어서 점을 보는 것을 싫어하지는 않았다.

「이 사람은 하고 싶은 것은 무엇이든 해도 좋은 운세니까 원하는 대로 해 보라」 고 나왔다고 한다. 시누도 기쁘게 내 뒤를 밀어주었다. 그녀는 나보다 10살 정도 위였는데, 이목구비가 뚜렷하고 의지가 강한 여성이었다. 나에게는 하나뿐인 시누이고 언니

같이 나를 보살펴 주었다. 나도 그녀를 좋아해서 따르고 존경했다. 특히 그녀의 설득력 있는 말을 들을 때마다 여성변호사나 정치가로 활동했으면 좋았을 텐데... 라고 생각한 적도 있었다.

나는 점을 믿고 앞으로 나가기로 했다. 그리고 서류를 제출했다. 얼마 지나지 않아 서류심사가 끝났는지 면접 통지를 받았다.

며칠 후 면접을 보러 갔다. 소문대로 Y대학의 캠퍼스는 광대하고 처음 찾아 간 나의 모습은 지상을 방황하는 개미처럼 작게 느껴졌다. 면접은 사범대학 학장실이었다. 순서가 되어서 입실했다. 작은 체구에 평범한 인상의 50대 신사가 미소를 띠우면서

「요코야마씨이시죠?」 라고 유창한 일본어로 말을 걸어왔다.

「저는 당신을 만난 적이 있어요. 요꼬야마씨 집에서.... 8년 정도 전 일겁니다.」

「예? 그렇습니까?」 갑자기 그런 말을 들으니 면접에 대한 긴장감이 조금 풀렸다.

「요코야마씨는 기억 못 하실지 모르겠지만요....」

나에게는 전혀 기억이 없었다. 그는 말을 계속했다.

「도쿄대학 이즈미교수의 따님이 한국에 있는 JAL 선배인 요코야마씨를 만나고 싶어 한다고 해서, 교수님부탁으로 그녀를 당신 집까지 데려다 주면서 방문한 적이 있어요. 남편인 서교수도 잘 알고 있지요.」

그 외에도 몇 가지 질문이 있었던 것 같은데 인간의 만남이란 참으로 기이한 것이라는 것만이 기억에 남아 있다. 응모자는 8명

이었다고 들었는데 나는 그 해부터 일본어교육과 전임으로 새로운 출발을 하게 되었다.

일본어교육학과의 신설과 함께 30명의 신입생이 들어왔다. 나 자신도 교수로서는 모든 것이 서툰 신입생이었다. 1980년은 한국의 학생 운동과 데모가 격렬해서 신학기는 거의 수업을 할 수 없었다. 나에게는 다시 만학의 출발점이 되어, 얼마 있지 않아 박사과정에 입학하지 않으면 안 되게 되었다. 당시 일본에서 문학박사를 취득하는 것은 어려운 시대였고, 일본으로 유학 간 사람은 석사학위를 받고 귀국해서 전임이 되었다. 박사학위를 따려면 전임이 되고나서 박사과정에 들어가든가, 다시 일본으로 유학을 가지 않으면 안 되었다. 나는 다행히 K국립대학 대학원 박사과정에 입학할 수 있었는데 늦은 출발인데다 대학원생이라는 커다란 짐도 짊어진 인생이 시작되었다. 두 아이의 엄마이고, 아내로서의 역할에, 대학원생이자 선생으로서 1인 4역을 해나가야 했다. 그래도 건강과 젊음 덕에 제 2의 직장은 삶의 보람이 되었다.

(2012. 2. 5)

환상의 『현대시가』

•• 사람은 나이가 들수록 과거를 돌아보는 시간이 많아진다. 며칠 전 입원을 하고 침대에 누워서 멍하니 하늘을 바라보다가 오래전의 잊히지 않는 추억이 생각났다.

벌써 30년 전의 일이다. 한국의 Y대학에 재직 중이었는데 학위가 필요해서 국립 K대학의 박사과정에 입학했다. 전공은 한국문학이었다. 국문학은 그 나라의 역사나 문화적인 배경을 이해해야하므로 많은 시간을 필요로 하는 학문이다. 그만큼 깊이가 있기 때문에 유학생에게는 많은 어려움이 있다. 그러나 나는 3년의 과정을 어떻게든 끝낼 수 있었다.

대학원생은 8명으로, 다른 대학의 전임교수와 시인으로 활동하고 있는 3명의 선배, 고등학교 교사 등 엘리트들의 모임이었다. 선배들은 논문을 쓰기위해 6~7년이라는 시간을 들이고 있었다.

이 대학에서는 문학 학위논문이 통과되는 데 10년 정도 걸린다고 한다.

나의 시련은 과정이 끝나고부터 시작되었다. 처음에는 두 개의 외국어시험이 있었다. 영어와 한국어였는데 1년간 준비해서 겨우 통과했다.

다음은 전공 종합시험으로 고전문학, 시가, 근대문학, 현대문학이 있었다. 한국인대학원생들은 하루에 4과목을 패스했다. 하지만 나는 한 학기에 한 과목씩 시험을 봐서 1년 반이라는 시간을 들여서 4과목을 패스해야만 했다. 40대 중반에 비로소 열등생의 어려움을 맛 본 시기라고 할 수 있다. 그렇지만 그때는 오로지 앞만 보고 달렸고 이루고 싶은 목적이 있었기에 그렇게 할 수 있었는지도 모른다.

시험이 끝나고 논문을 제출할 수 있는 자격을 얻었다. 논문 테마를 정하는 일은 고독한 모색의 과정이었다. 고민하고 있던 어느 날 어떤 문헌에서 "일본 문단에 투고한 것이 계기가 되어서....." 한국근대시의 선구자로 일컬어지던 시인의 문장이었다.

그것을 보았을 때 내가 할 수 있는 것은 바로 이 문학자에 대한 연구라고 생각하고 그의 자료를 조사하기 시작했다. 그리고 그와 관련된 연구테마를 찾기 시작했다. 주 요한이라는 시인인데 문인으로 작품 활동을 시작한 것은 일본이었으므로 그의 전기와 초기 문학 활동에 대한 연구는 아직 이루어지지 않았던 것이다. 그리고 시인을 추억하는 기사에서 그가 일본문단에서 활약했던 잡지가 『현대시가』였다는 것을 알았다.

나는 그 자료를 찾기 위해 여름, 겨울방학을 이용하여 일본에 갔다. 대학 도서관과 문학관, 시인의 출신학교인 메이지학원(明治學院)대학과 오래된 고서점까지 몇 번이고 가 보았다. 무엇보다 그다지 이름이 알려지지 않은 70년 전의 문예잡지를 찾는 일이었다. 지금이라면 인터넷으로 금방 검색이 가능할지 모르겠지만 30년 전의 상황은 그렇지 못했던 것이다.

자료를 찾아 헤맨 지 2년 6개월이 지난 어느 여름방학 때, 후쿠오카에서 열리는 「일본어교육학회」에 참가하기 위해 일본에 갔다. 이제는 거의 포기하는 마음으로 도쿄대학 도서관에 두 번째로 문의를 해 보았다. 그 때 믿어지지 않는 대답이 내 귀에 들렸다.

"1년 치 12권의 자료가 비치되어 있습니다."

라는 것이다. 오후 4시경이었다.

"무슨 일이 있어도 오늘 꼭 그 자료를 보고 싶은데요.... 지금 곧 그쪽으로 가겠습니다. 5시까지 도착할 수 있을까요?"

"네 알겠습니다. 오시면 바로 보실 수 있게 준비해 두겠습니다."

이런 과분한 배려에 감사하는 마음뿐이었다.

그 날은 학회에 가기 위해 저녁 7시 비행기로 후쿠오카에 갈 예정이었다. 공항에서 만나기로 한 학생에게도 늦는다는 연락을 해야 했다. 초조함과 흥분되는 마음을 가라앉히며 마지막 밤비행기를 예약했다.

도서관에 도착 한 것은 폐관 30분 전. 1918년도 『현대시가』를 받아들자 홍분을 감출 수 없었다. 당시는 자유시와 상징시를 연구하던 시대였다. 카와지 류코우(川路柳虹)를 중심으로 호리구찌 다이가쿠(堀口大學) 등의 작품과 함께 주 요한의 작품 27편을 발견했다. 직원 분들은 퇴근시간이 지났는데도 자료를 복사할 수 있게 도와주셨다. 이런 우여곡절 끝에 손에 넣은 자료를 본 순간, 나에게는 이번에 꼭 논문을 쓸 수 있겠다는 확신이 생겼다. 한국문학의 미지의 분야에 내가 공헌할 수 있을 것이라는 자신감과 기쁨이 느껴졌다.

그로부터 논문을 쓰기까지 2년의 시간이 걸렸다. 첫 번째 논문심사가 끝났을 때 90세였던 어머니는 기다리던 심사결과를 듣지 못하고 세상을 떠나셨다. 그 후, 4번에 걸친 심사가 끝나고 7년의 시간이 걸려서 오랜 꿈이었던 박사논문이 완성되었다.

꿈에 그리던 자료를 손에 넣은 젊은 날의 그 감격도 이제는 아지랑이 같은 따뜻한 기억으로만 남아있을 뿐이다.

운문사

●● 입춘도 지난 2월 20일. 78세에 새로 구입한 차를 타고 어느 사찰을 향해 달렸다. 내비게이션은 포항 시에서 99킬로, 소요시간은 1시간40분이라고 한다. 내가 향한 곳은 경상북도에 있는 비구니 사찰 운문사다. 쉽게 말하자면 여승들만 있는 절인 것이다. 지금으로부터 24년 전, Y대학재직중 이 사찰 안에 있는 운문승가대학의 일본어강좌를 맡아 달라는 의뢰를 받고 13년간 출강을 했던 특별한 인연이 있는 곳이다. 예전에 지나다니던 길을 떠올리면서 차를 달린다.

여름의 운문사는 맑은 계곡과 아름다운 송림으로 유명한 곳으로 여름이면 이곳을 찾는 사람이 많다. 경산을 지나 청도에 들어서면 길가에 복숭아나 포도밭이 먼저 눈에 들어오지만 감의 주산지로 유명한 곳이다. 집이 드문드문 있는 마을을 지나 한참을 가면 산길로 접어드는데 차창 밖으로는 작은 나뭇가지가 손에 잡힐 듯한 좁은 길이 몇 킬로나 이어진다. 한참을 더 가면 전방이 탁 트인 분지에 있는 촌락들이 눈에 들어온다. 아마 운문리일 것이다. 사방이 산으로 둘러싸여 있고, 계곡 물이 마을로 모여 강이 되고 오래된 나무다리가 있고 작은 학교도 있다. 마을의 작은 다리는 지나는 사람 하나 없이 쓸쓸히 놓여있다. 주위에 옅은 안개라도 끼는 날이면 마치 한 폭의 수묵화를 보는 것처럼 아름다워서 나는 혼자 차를 세우고 한참을 바라볼 때도 있었다. 산에는 지나는 사람도 차도 없는 한산한 길만 이어진다. 「여기서 차가 고장이라도 나면 어쩌지? 사람이라곤 찾아볼 수 없는 이 산 속에서.....」라며 당시 고장이 잦았던 국산차를 운전하며 불안을 느낀 적도 있었다. 가끔 한 시간에 한 대씩 다니는 마을버스를 보는 것만으로 안심이 된 적이 있었다.

어느 날 이 마을에 댐이 생긴다는 말을 들었다. 그림 같은 다리도 마을도 댐 속에 잠기게 되었다. 일본에서도 댐에 잠긴 마을이 있었던 것이 생각났다. 나는 그림 같은 풍경을 마음속에 남기고 싶어서 어느 날 출장 가는 길에 차를 세우고 열심히 카메라 셔터를 눌렀다. 그 다음 주에 같은 길을 지나게 되었다. 마을은 물에 잠기기 시작했고 다리도 기울고 물에 잠긴 나무들은 수면에 나뭇가지 끝만을 남겨놓고 있었다. 안타까운 풍경에 마음이 아파서 '이건 문명의 약육강식이다' 라고 혼잣말을 했었다.

지금 그리운 추억속의 풍경을 떠올리면서 옛날처럼 혼자 운전을 하고 있다. 그로부터 몇 년이나 흘렀을까! 벌써 10년도 더 지났을 것 같다. 회색빛 산에 둘러싸인 새 댐의 수면은 차갑고도 조용한 모습이다. 댐 주변에는 어린 벚꽃나무가 가지런히 심겨 있고 주위를 비추는 코발트빛 수면만이 펼쳐져 있다. 산기슭을 달리던 옛 길은 물속에 잠겼고 새 도로가 생겼다. 수면을 왼쪽으로 보면서 5킬로 정도 달리면 곳곳에 큰 바위가 보이는 산길로 접어든다. 완만한 오르막길은 자동차가 느긋하게 달릴 수 있는 도로가 되어있었다. 2킬로 정도 이어져 있던 아름다운 코스모스 길은 사라지고 양쪽에 감나무가 심겨 있었다. 직경이 4~5센티 정도였던 어린 감나무는 어느 새 열매를 맺을 만큼 큰 나무가 되어 있었다. 감나무 길이 끝나면 오른편에 계곡을 따라 10그루 정도 되는 오래된 느티나무의 모습이 보인다. 여기는 옛 모습을 간직한 운문사 계곡의 하류이다. 오래된 느티나무를 지나 5킬로 정도 올라가면 운문사와 운문승가대학 입구가 있다. 입구를 지키는 수위는 반갑게 인사하며 내 차를 통과시켜 주었다. 청량한 송림의 자연은 세월이 지나도 예전과 다름없이 여행자를 맞아 준다. 고향에 돌아온 것 같은 안도감을 느낀다.

운문승가대학은 4년제 대학으로 약 240명의 학생비구니가 공부하고 있다. 그녀들은 전국각지에서 모였으며 불교 수업과정을 마치고 입학했기 때문에 연령도 학력도 서로 다르다. 머리를 깎고 아래위로 회색 면으로 된 윗옷과, 폭이 넓은 바지로 된 승복을 입고, 흰 고무신을 신고, 기민하게 움직이는 모습에는 생기가 넘친다. 그녀들의 하루는 바쁘다. 1학년은 오전 중에 밭에서 노동도 한다. 계절에 따라 야채를 기르고 수확하는 일도 수업인 것이다. 전통적인 김장도 겨울 행사에 들어 있다. 식사는 당번제로 되어 있어 자신들이 직접 만든다. 그녀들은 여러 가지 취미를 가진 사람도 많고 요리도 정말 맛있다.

기상은 새벽 3시이고 2시간 정도 예불과 독경을 하고 아침식사는 5시 50분이다. 대학수업은 오전과 오후로 학년에 따라 다양하고 다망한 하루이다. 소등취침시간은 밤 9시로 의무적으로 기숙사생활을 해야 하기 때문에 대학의 규칙은 매우 엄격한 것 같다. 입학하고 1년 동안 운문인(명예로운 운문승가대학생)이 되기까지 여러 가지 면에서 상당히 힘든 부분이 있다는 수기를 읽은 적이 있다. 그렇지만 1년 정도가 지나면 동료나 선배들과도 친해져 어려움 없이 긍지를 가지고 수행에 증진한다고 한다. 엄격한 계율 속에서도 절도 있게 움직이는 모습을 보고 있으면 기분 좋은 상쾌함까지 느껴진다. 이 예의바르고 절도 있는 움직임은 수행에서 비롯된 것이리라. 나는 언제나 신앙을 가진 사람들의 모습에서 마음이 치유됨을 느낀다.

언제부턴지 학장님과 대학의 비구니 선생님들과도 우정이 싹터서 자연스럽게 불교와 유대를 가지게 되었다. 대자연의 품에 안겨 엄숙한 불교의 가르침을 배우는 비구니들은 항상 무언가를 향하여 앞으로 나아가고 있다.

전명성학장님은 고결한 인품을 가진 분으로 끝없이 대학의 발전을 위해 활동하시고, 잠깐의 시간도 허비하지 않는 근면한 분이시다. 꽃을 사랑하고, 사람을 귀하게 여기고, 서예를 즐기신다. 나는 그분에게서 공적으로든 사적으로든 특별한 보살핌을 받은 것을 큰 영광으로 생각하고 있다. 오랫동안 함께 지내온 전 명성학장님과 홍륜 주지스님과 대학의 선생님들의 따뜻한 배려에 언제나 감사하는 마음뿐이다. 마음을 가다듬고 본당에서 두 손을 모으고 깊이 머리를 숙이니 마음이 평온해진다. 늠름한 운문사는 언제부터인지 나의 마음의 고향이 되었다.

(2012. 5. 20)

제사

• • 여기는 한국. 시어머니가 돌아가시고 35년이나 계속되어 오는 우리 집 「제사」에 관한 이야기이다. 「제사」란 조상과 돌아가신 가족의 기일에 행하는 행사를 말한다. 주부들은 신년이 되어 새 달력을 받으면 맨 먼저 제삿날을 메모한다. 매년 제삿날만큼은 무슨 일이 있어도 변경을 하거나 다른 계획을 잡아서는 안 된다.

음력 4월 30일은 시어머니의 기일이다. 시아버지는 돌아가신 지 60년이 지났지만 가을에 있는 기일에는 빠짐없이 제사를 지낸다. 제사는 장남과 큰며느리의 의무이다. 이 전통에는 이씨조선의 유교적인 관습이 남아있어, 의식이나 형식은 물론이고 제사에 올리는 음식이나 요리에도 규칙이 많다. 그러므로 집집마다 대대로 전해 내려오는 방식을 결혼과 동시에 며느리들은 조금씩 배워간다.

구체적으로 정해진 제사음식의 재료들을 열거해 보면 육류는 소고기, 돼지고기, 닭고기다. 생선은 5종류 이상으로 대구, 상어, 조기, 청어, 가자미이고, 건어물은 문어, 가오리, 명태, 오징어다. 채소는 10종류 정도(파, 우엉, 당근, 시금치, 콩나물, 무, 고사리, 도라지, 배추, 고구마, 연근)인데 이들 채소는 전이나 나물, 국 등의 재료이다. 과일은 7종류 이상으로 밤, 감, 대추, 배, 사과는 기본이고 이외에는 제철과일 수박, 포도, 귤 등이다. 그리고 그 외에 떡류와 전통과자류, 밥, 국, 술 등을 준비한다.

이 재료들을 한꺼번에 장보는 것은 힘든 일이다. 자가용이 생기고부터는 혼자서 3~4시간 정도면 충분하지만 차가 없던 시절에는 가정부를 데리고 4~5번이나 시장에 가지 않으면 안 되었다. 종류가 많기 때문에 전날 살 것과 당일 살 것을 구분해서 준비해야 한다. 좋은 식재료를 고르는 것이나 예산에 맞게 돈을 쓰는 것도 모두 주부의 손에 달려 있다. 평소의 가정살림도 중요하지만 제사를 통하여 배우는 것은 많다. 특히 냉장고가 없던 시절에 식재료를 관리하는 방법을 할머니들의 지혜를 통해서 배우는 것이 많았다. 건어물 같은 것은 미리 준비할 수 있는데 생선은 전날 사서 약하게 소금 간을 해서 보관한다. 제사요리를 주로 기름으로 조리하는 것은 음식을 오래 보관하기 위한 선조들의 지혜이기도 하다.

떡류나 전통과자는 원래 직접 집에서 만들었으나 20년 정도 전부터는 전문점에 주문하기도 하고, 기성제품을 사는 경우도 많아졌다. 요리는 두세 명이 해도 꼬박 하루가 걸린다. 우리 집에서는 남편의 사촌댁 2명과 시누가 매년 봄가을 제사를 도우러 와 주었다. 같은 가문 사람들이라 선조들 이야기는 물론이고 친척들의 여러 가지 뒷이야기를 들을 수 있는 기회가 되기도 한다. 요리를 하면서 결혼하던 날의 추억담이나 신혼 때의 이야기로 스트레스 발산의 장이 되기도 한다. 숙달된 전업주부들이라 요리는 프로수준으로 흠잡을 데가 없고 저녁에는 완벽하게 준비가 끝난다.

쉴 틈도 없이 밤 8시에 시작되는 제사 준비에 들어간다. 제일 넓은 방에 병풍을 세우고 그것을 배경으로 제단을 차린다. 제단상의 맨 앞줄에는 제기에 담긴 과일이 왼쪽부터 밤, 대추를 비롯해 정해진 순서대로 놓인다. 두 번째 열에는 생선요리, 고기요리, 떡과 과자 등 20여 가지의 음식이 순서대로 차려진다. 제사는 원래 자정12시에 선조들의 영을 모시고 행해졌다고 들었는데 우리 집에서는 밤 8시정도에 지낸다. 7시에는 친척 남자들이 모여서 의식을 기다린다. 여성들도 한복으로 갈아입는다.

향과 술로 선조들의 영을 모시는 의식은 제례와 축문으로부터 시작된다. 제단에 차려진 요리를 대접하며 엄숙하게 행해지는 의식은 40분 정도 걸린다. 그 후 한자리에 둘러앉아 저녁식사가 시작된다. 우리 집은 친척이 적기 때문에 12~3명 정도가 된다. 제사음식은 옛날부터 특히 맛있다는 말이 전해져 오는데 외출이 적은 노인들에게는 이 날이 유일한 즐거움이다.

돌아갈 때는 집에 남아있는 식구들을 위해서 음식을 나누어서 싸 간다. 그 후 주부들의 뒷정리는 새벽 2시까지 걸린다. 제사는 자손의 번영과 행복을 비는 것이라고 하는데 이 관습은 주부들에게 많은 부담을 주고 있다. 그 때문에 자기 딸을 장남에게 시집보내고 싶어 하지 않는 어머니가 늘고 있다.

제사는 기일 외에 설과 추석에 있고 10월에는 1년에 한번 성묘를 한다. 선조들을 기리는 한국의 전통은 소중한 것이지만 바쁜 현대사회에서 전통을 유지하는 데 어려움이 있다고 느낀다. 저출산 시대인 이때에 남자만 제사를 지내는 법률은 개정되어 여자들도 제사를 지낼 수 있게 되었다. 이렇게 계승되는 한국의 제사를 보면서 앞으로 그 중요성이 점점 강조되어 가는 가족 간의 유대를 느낄 수 있다. 이것은 이 나라에서 사라지지 않을 정신문화의 일면이다.

(2011. 5. 3)

아줌마

•• 나에게는 일생동안 잊을 수 없는 소중한 사람이 있다. 한국에서의 내 반생을 도와준 고마운 은인이라고 해도 과언이 아닐 것이다. 그 분을 나는 아줌마라고 불렀다.

그녀는 30대에 우리 집에 가정부로 일하러 온 사람이었다. 남편과 같은 학교 학장님부인의 소개였다. 1970년대의 한국은 불안정한 사회였으므로 함부로 사람을 믿기 힘든 시대였다. 그 때문에 가정부로 일하기를 원하는 사람은 많았으나 실제로 집안일을 믿고 맡길 사람을 찾는 일은 쉽지 않았다. 그 당시"이 사람은 믿을 수 있는 사람 이예요."라고 몇 번이나 강조하면서 사람을 소개하는 모습이 너무나 낯설게 느껴질 정도였다.

나는 전혀 한국말을 할 수 없었고 아줌마도 물론 일본말을 전혀 할 수 없었다. 말이 통하지 않는 곳에 일을 하러 온 것을 보면 그녀는 나보다 더 용기가 있는 사람일지도 모른다.

우리가족은 2살과 4살짜리 두 딸과 남편 이렇게 4인 가족이었다. 아줌마는 본인의 가정이 있고 3명의 아이를 키우면서 우리 집에 일하러 온 것이다. 그녀는 성실한 사람으로 모든 식사준비, 세탁, 청소를 정말로 열심히 해주었다. 월요일부터 토요일까지, 아침 8시부터 저녁 8시까지 우리 집에서 지냈다. 버스를 타고 올 거리인데도 멀미를 한다면서 40분이나 되는 길을 매일 걸어 다녔다.

남편도 나도 직장에 다녔기 때문에 낮에 우리가 집에 없는데도 우리 아이들을 예뻐해 주고 잘 돌봐주었다. 어린 두 딸에게 자기가 어릴 때 배운 동요를 한국말로 불러주기도 하고 가르쳐 주기도 했다. 날씨가 좋은 날에는 마당에서 같이 놀아 주기도 하고 자기 집일처럼 우리 집을 해 주었다. 그 당시 우리 집은 튤립이 있는 꽤 넓은 정원과 마당이 있는 주택이었는데 정원의 잔디나 꽃에 물을 주는 일도 마다하지 않고 즐겁게 해 주었다.

그녀는 눈이 크고 동그란 얼굴에 밝은 성격으로, 사소한 일에는 연연하지 않는 소박한 사람이었다. 아픈 적도 거의 없어 20년 가까이 하루도 결근을 한 적이 없다. 나도 직장 때문에 일요일 이외에는 거의 집에 없었다. 그녀는 이런 나의 생활패턴을 잘 알고 그때그때 잘 맞추어 주는 성실한 나의 파트너였다. 말수도 적은 편이었고 묵묵히 집안일을 잘 해 주었다.

나는 시간이 있어도 집안일이나 정리를 잘 못하는 사람이다.그녀를 보면서 집안일도 아무나 할 수 없는 멋진 전문직이라고 느꼈다. 그녀는 우리 집에 출근하면 청소부터 시작하여 본인이 정한 순서대로 집안일을 척척 해 나가는 모습은 실로 감탄할 정도이다. 아줌마를 만나고부터 나는 한국의 풍습이나 가정요리 등을 조금씩 배울 수 있게 되었다.

얼마의 시간이 흐른 뒤 남편으로부터 아줌마가 살아온 이야기를 들을 수 있었다. 그녀는 고아로 8살 때 고아원에서 K대학 학장님 집으로 오게 되었는데 20살이 되어 결혼할 때까지 그 집에서 살았다고 한다.

학장님 집에는 비슷한 또래의 자녀가 5명이나 있었다고 한다. 게다가 할아버지와 할머니도 계시는 대가족 틈에서 많이 힘들었다고 그녀가 직접 나에게 이야기하기도 했다. 주인 집 사람들에게 반발하기도 하고, 또래 자녀들과 싸워서 자주 혼나기도 했던 지난 일들을 추억하듯 이야기할 때도 있었다. 집안일은 어릴 때부터 해서 단련되었다고 한다. 피붙이 하나 없는 그녀는 그 가족들과의 시간을 소중히 여기며 멋지게 자기가정을 꾸리고 살고 있는 것이다. 게다가 우리 집일도 반 이상 그녀의 도움으로 꾸려지고 있었다고 나는 생각한다.

이렇게 아줌마는 18년간이나 나와 우리 집안일을 잘 돌보아 주었다. 큰 딸이 대학을 졸업하고, 작은 딸이 일본으로 유학 갈 때까지 우리 아이들은 아줌마의 보살핌으로 컸다. 나는 20년간 대학에 근무하면서 여러 가지 사회활동을 하느라 매일 바쁘게 보냈는데 아줌마가 없었더라면 지금의 나도 없었을 것이라 생각한다. 「사람은 서로 도우면서 살아가는 존재」라는 너무나 당연하게 들리는 이 말의 무게를 이제 인생을 돌아볼 나이가 된 지금 더 깊이 실감하고 있다.

(2012, 10, 25)

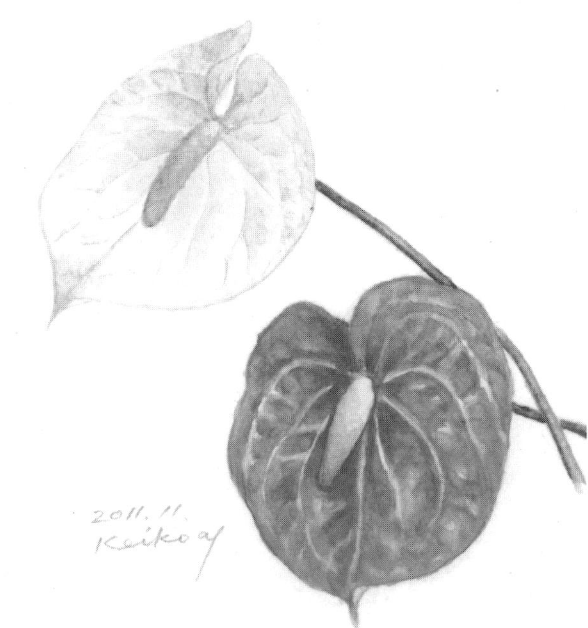

걸어온 길 걸어갈 길

• • 비행기가 아직 서민적이지 않았던 1960년. 대학졸업과 동시에 나는 다행히 JAL에 입사할 수 있었다. 일반인의 해외여행이 불가능했던 시대였기 때문에 너무나 기뻤다. 미지의 세계에 사는 사람에 대한 호기심과 지적욕망은 한없이 커져갔으나 세계 여러 나라와 도시 이름을 머릿속에 그리며 비행기와 호텔 예약을 받는 새로운 일은 나의 작은 자존심을 충족시켜주었다. 손님들의 스케줄에 맞추어 세계 각국의 호텔을 예약하기 위해 텔렉스를 보냈다. 당시에는 하루 기다리면 다음 날 외국으로부터 답신이 들어왔다. 뉴욕이나 런던, 파리도 가까운 도시처럼 느껴졌다. 머릿속에는 세계지도가 펼쳐지고 세계는 지구촌이라는 생각이 들었다. 젊은 나는 항공회사 일을 통해서 세계를 보는 마음의 창이 열렸다고 생각한다. 그 시절부터 나는 모든 젊은이들이 마음의 눈을 세계로 향하기를 마음속으로 기원하

고 있었다.

돌이켜보면 평범한 아이로 키우고 싶다는 부모님의 바람에 따르지 않고 도쿄라는 큰 환경을 선택하여 나는 집을 떠났다. 도쿄는 활동적이고 밝고 젊은이의 꿈을 펼칠 수 있는 무언가가 있을 것이라 생각되었기 때문이다. 그 후 다음 목표로 미국유학을 생각하게 되었는데 실현하지 못한 채 결혼하게 되어 3년 후에는 한국에서 살게 되었다. 여성에게 있어서 결혼은 인생의 큰 관문이다. 얼마 후 도쿄에서 한국이라는 미지의 나라로 떠났다. 국제결혼, 언어의 핸디캡, 다른 문화에 적응하기 위해서 무의식적으로 상당한 노력을 했었다고 생각한다.

나는 이국땅에서 생활하면서 언제나 마음에 되새기는 말이 있다. 하나는 「로마에서는 로마의 법을 따르라」이다. 이 말은 다른 문화에 적응하기 위한 좋은 지침서이다. 힘들 때는 나와 같은 처지에 있는 다른 사람을 보고 나도 참고 견디었다. 불만이 있으면 다른 사람도 참고 살아가고 있다는 것을 생각하면 된다. 자기만 특별히 어떻게 해주기를 바라지 않는다. 나도 다른 사람들과 같다고 생각하면 마음은 편안해진다. 옛날 사람들은 참 좋은 말을 남겨주었다고 여기며 나는 지금도 이 말을 조용히 음미하게 된다.

또 하나는 「하면 된다. 하지 않으면 아무것도 안 된다. 아무것도 이루지 못하는 것은 사람이 아무것도 하지 않기 때문이다.」라는 말이다. 이것은 아버지 방에 걸려있던 글인데 의미도 모르고 어릴 때부터 외우곤 했다. 아버지의 생활신조였는지 모르지만 지금은 그립기도 하고 격려가 되는 말이기도 하다.

나는 높은 계단을 올라갈 때 발밑에 있는 한 계단 한 계단밖에 보지 않는다. 정상의 높이를 생각하면 마음의 부담이 되어서 올라갈 수 없는 것이다. 인생도 이와 같아서 주어진 하루하루를 열심히 살아가면 되는 것이다. 한국에서의 생활도 내가 살아온 인생의 절반가까이 되어간다. 이런 시기에 모리오카(盛岡)대학의 초청덕분에 새로운 환경에서의 생활이 시작되었다. 나의 인생은 토호쿠(東北)에서 해외로, 그리고 해외에서 토호쿠로 돌아온 것이다. 인생은 도대체 어떤 코스로, 어디가 골인지 알 수 없다. 그러나 한 발 한 발 걸어온 작은 길은 언제나 나의 뒤에 있다. 인생은 최선을 다해 열심히 걸어온 자신의 발자취를 돌아보면서 스스로 평가하는 것이리라. 나는 지금까지 체험한 모리오카대학에서의 1년을 앞으로의 인생의 소중한 한 장의 그림으로 오래도록 간직하고 싶다.

1996년 모리오카(盛岡)대학 객원연구원
모리오카대학 도서관보 『이즈미』 제41호 에세이

환갑의 추억

•• 눈이 조금씩 내리는 추운 올해 2월. 대구 근교에 있는 경상북도 팔공산을 향하고 있었다. 이 광대한 산에는 수많은 사찰이 있다. 이 산(854미터)에 있는 갓바위 불상을 참배할 약속이 있었다. 한눈에 보기에도 멋쟁이 올드 여성회 4명의 멤버다.

40년 전 꽃꽂이를 가르치면서부터 만나 오던 사이다. 그녀들은 모두 꽃꽂이 선생이다. 지금은 시간적으로 여유가 있어서 건강도 지키고 마음의 평안을 찾기 위해 성지순례를 하고 있다. 한 사람은 막 환갑이 지났다. 그리고 두 사람은 곧 환갑을 맞는다. 선생님으로 불리는 나는 「팔순」을 눈앞에 두고 있다. 꽃을 직업으로 하며 함께 걸어온 그녀들과 이제 또 같은 곳을 향하여 시간을 쌓아가고 있다. 인연으로 이어진 긴 시간동안 잊을 수 없는 일들이 많이 있었다. 그 하나는 환갑 때의 추억이다.

지금부터 18년 전의 일이다. 1994년 8월 27일. 대구그랜드호텔 3층에서는 환갑기념 꽃꽂이 전시회를 하고, 5층에서는 축하연이 개최되었다. 꽃꽂이전시회는 「환갑기념전」으로 100명 가까운 선생님들의 역작이 전시되었다. 「운당 꽃예술 교수연합회」 주최이다.

환갑잔치는 원래 가족이 부모님의 61살을 축하하는 것이라고 들었는데 나의 경우는 꽃꽂이제자들이 기획하고 주최해 주었던 것이다. 저녁의 축하연은 피로연처럼 화려한 분위기였다. 꽃꽂이 선생들은 화려한 깨끼 한복을 입고 카펫 위를 가볍게 움직이고 있었다. 색색 깔의 한복을 입은 모습은 마치 흐드러지게 핀 봄꽃과 같았다.

나도 이 날을 위해 연한 산호색에 작은 자수를 수놓은 한복을 새로 장만했다. 한복 저고리 소매는 완만한 곡선이 부드럽고 치마는 풍성하고 긴 스커트인데 발목까지 가볍고 아름답게 내려온다.

그날은 대학의 동료교수, 서울과 부산에서 꽃꽂이협회 이사단, 승가대학학장 외의 친척, 일본인회, 꽃꽂이회 회원 등 230명이 넘는 손님이 오셨다. 연회장 단상에 「운당서경자교수 환갑기념의 밤」이라는 현수막이 걸려있고 진홍색 실크에 금색 봉황 자수가 수놓인 병풍. 그것을 배경으로 의자가 2개 놓여있었다. 입구에서 정면을 향해 깔려 있는 색동카펫을 남편과 둘이서 밟으면서 입장하자 단상의 의자로 안내되었다.

개회와 함께 약력이 소개되고 내빈의 축사 및 꽃다발과 선물,

음악대학 P교수의 축가에 이어 제자 60여명의 「스승의 은혜」 합창이 아름답게 울려 퍼졌다. 이 노래는 5월15일 한국의 「스승의 날」에 매년 듣는 노래이지만 이 날은 너무나도 무겁게 내 마음에 울렸다.

답사-. 한국어로 감사의 마음을 가득 담아 답사를 하려고 했다. 그러나 말을 할 때마다 목소리가 떨리고 뜨거운 감격의 눈물이 흐르고 말았다. 분에 넘치는 성대한 축하연이었다.
「······ 어느새 60년이라는 시간이 지났습니다. 오늘까지 나는 자신이 걸어온 길을 돌아본 적이 없었습니다. 국제결혼을 하고 한국에 온지 30년. 지난밤에 처음으로 자신의 인생을 돌아보았습니다. 「환갑」 이것은 인생의 빨간 신호등이라는 것을 깨달았습니다. 이제 멈추어 서서 「자기를 돌아보는 것」이 필요하다는 것을 배웠습니다. 앞만 보고 열심히 달려온 인생. 혼자서 걸어온 것이 아니었습니다. 언제나 함께 해 준 가족의 도움을 받으며, 또 이렇게 만난 많은 분들에게 도움을 받으며 오늘과 같은 날을 맞이하게 되었습니다. 어떤 말로 감사를 표현해도 다 전할 수가 없습니다..... 」
감사의 마음은 마음으로밖에 전할 수 없었다. 사람의 인연에는 국경이 없다. 진심이 있다면 인연은 생긴다. 사람과 사람사이의 인연에 깊은 감사와 감격이 되살아나는 하루가 되었다.

그로부터 「고희」를 지나고 「희수」도 지났다. 많은 사람들과 함께 한 행복한 인연을 돌아보는 나날이 많아졌다. 우리들은 지난 추억을 이야기하면서 눈 녹은 산길을 천천히 내려왔다.

오후 2시 반. 산기슭에 있는 지인의 찻집에 들르기로 했다. 「혜연다원」이다. 대자연속에서 한지미술을 하는 여주인이 있는 찻집에는 작은 다실이 4, 5칸 있고, 창가에서 계곡을 바라보면서 차를 즐길 수 있다. 4명은 모서리가 둥근 고목으로 된 자탁에 앉았다. 차는 한국고유의 녹차도 중국차도 있었기에 우리들은 중국차를 주문했다. 소박하고 따스한 한국산 다기와 다과가 나왔다. 간소하면서도 고풍스러운 다실에서 마음의 고향을 느낀다. 다실 안의 소품들마저도 아련한 그리움을 느끼게 한다.

다도를 아는 세 사람은 서로 자유롭게 차를 대접한다. 일본의 우아(優雅)와는 달리 조용하고 여유로운 것이 이 나라 다도의 장점이다. 이 날은 늙은 몸으로 누구에게도 뒤지지 않은 나의 참배실적에 모두 감탄하며 차를 마시는 시간은 즐겁고 여유롭게 흘러갔다.

조금 전까지 남아있던 구름은 저 멀리로 흘러가고 산들도 해질녘의 풍경으로 바뀌어 가고 있다. 다음 순례까지 다리와 허리를 단련하기로 약속하면서 귀로에 오른다.

(2012. 2. 20)

고국 일본으로 돌아가서 (2000년 11월~)

한류 드라마의 원점 『춘향전』

•• 20세기도 다 끝나가는 이때 "한류 붐"이라는 단어가 생겨났다. 2000년 10월 나는 남편의 치료를 위해 일본으로 귀국했다. 그 때 이 단어를 듣고 순간 내 귀를 의심하는 한편 따뜻한 무언가를 느꼈다.

한국에서 생활한지 30여년. 한국과 일본 간의 과거의 역사는 언제나 나의 가슴속 깊이 맺혀 있었다. 양국 간의 국민감정을 없애기 위해서는 상호간의 양식(良識)과 이해 외에도, 많은 시간이 필요하다는 생각을 하고 있었다.

한국병합의 역사로부터 100여년의 세월이 흐른 지금 드라마라는 미디어를 통해 한류 붐이 일어난 것은 매우 기쁜 일이다. 다른 문화를 가진 사람들이 하나의 드라마에 공감할 수 있다는 것은 국경을 초월한 인간애를 느낄 수 있는 것이기도 하고, 눈에 보이지 않는 무언가를 넘어서는 작은 실마리로도 보였다. 역사의 한 페이지가 조금씩 새롭게 바뀌어 가고 있는 것 같기도 하다.

한국에 있을 때 가끔 한국드라마를 보았다. 대부분은 소박한 일상생활에서 볼 수 있는 가족애를 테마로 한 것이다. 기억에 남는 「전원일기」는 오랜 기간 동안 연속 방영된 인기 드라마였다. 작은 농촌의 한 가족과 그 마을사람들의 유머와 비애가 섞인 일상다반사가 나오는 드라마였다.

화제의 「겨울연가」는 환상적인 설경을 배경으로 지난날의 사랑과 청춘의 꿈에 대한 이야기로, 많은 사람들에게 옛 추억을 떠올리게 하였다. 특히 제2차 세계대전을 겪은 일본여성들은 꿈으로 가득해야 할 청춘의 시간을 빼앗겼다. 그 때문에 다른 문화에서 온 사랑드라마는 행복과 감격의 선물이었음에 틀림없다. 나도 그 아름다운 드라마에 감동했고 얼마나 눈물을 흘렸는지 모른다.

최근 들어 한국은 급격하게 해외를 목표로 진출하고 있다. 드라마나 애니메이션까지 문화를 수출하는 일에 힘을 쏟고 있다. 지금은 동남아시아에도 많은 팬이 있을 정도로 한류 붐을 일으키고 있다고 들었다.

몇 년 전에 방영된 「대장금」은 한국 최초의 궁중여의(女醫)에 대한 이야기였는데, 한국의 궁중요리와 전통문화를 알리는데 큰 역할을 했다고 할 수 있다. 이야기의 내용은 궁중요리와 의약 그리고 그와 관련된 복잡한 인간관계 속에서 많은 고난을 이겨내고 여의가 되는 장금의 인생이야기로 감동하지 않을 수 없었다.

그런데 한국에는 오랫동안 서민들에게 사랑받고 있는 이른바 한국드라마의 원조라고 부를만한 「춘향전」이라는 소설이 있다. 고전문학의 대표작이기도 하고, 이씨조선후기 지금으로부터 250년 전의 작품인데 작가나 그 연대를 정확하게 알 수는 없다. 그러나 지금까지도 판소리, 오페라, 영화나 연극 등 여러 장르에서 상연되고 있다. 드라마틱한 재미와 매력을 가진 작품이기 때문이리라.

이야기의 무대는 서울에서 남쪽으로 내려오면 있는 전라남도 남원에서 시작된다. 버드나무에 새순이 돋는 화창한 봄날, 17살의 귀한 집 도련님 이몽룡이 우연히 15살의 아름답고 지혜로운 춘향을 만나자마자 사랑에 빠진다. 둘은 결혼을 약속하고 잠시 꿈같은 시간을 보내지만, 갑자기 몽룡의 부친이 서울로 영전하게 된다. 몽룡은 과거시험에 합격하여 반드시 돌아오겠다는 약속을 남기고 상경한다. 얼마 후 남원에는 후임으로 변사또가 취임을 하게 되는데, 그는 미모가 출중하다고 소문난 춘향을 자기 손에 넣으려고 관할 관기를 소집하여 드디어 춘향을 찾아낸다. 그러나 춘향은 변사또의 명령에 따르지 않는다. 그 벌로 감옥에 투옥되는 신세가 된다. 그 후에도 몇 번이나 계속되는 회유도 거절하고 사랑하는 몽룡을 믿고 3년간 옥중에 있던 춘향을 변사또의 생일 잔칫날 처형하기로 한 것이다.

그 때 몽룡은 과거에 합격하여 암행어사(은밀)에 임명되어 남원으로 내려가고 있었다. 변사또의 호화로운 생일잔치 날, 그 자리에 조용히 들어가 잔치음식을 먹으며 때를 기다렸다. 축하잔치에서 한시를 짓는 때가 되자 종이와 붓을 달라고 하여 한 편의 한시를 지어주고 홀연히 모습을 감추었다.

금동이의 아름다운 술은 일천 백성의 피요,
옥소반의 아름다운 안주는 일만 백성의 기름이라.

아직 잔치도 끝나지 않은 변사또의 저택에 갑자기 암행어사 출두 소리와 함께 부하들을 거느린 이몽룡이 나타난다. 그는 변사또의 부정을 벌하고 옥고를 견딘 춘향을 풀어주고 약속했던 재회를 한다. 두 사람은 어머니를 모시고 상경한다. 춘향은 왕에게 기생의 딸이면서도 「정절을 지킨 부인」이라는 칭호를 받아 어사의 정실 부인이 되는 것을 허락받는다.

이것은 한국사회에 존재하는 신분제도나 관료정치의 부패에 대한 저항이 들어있는 민중의 이야기이면서 사랑에 목숨을 건 한 여성의 드라마이기도 하다.

등장인물의 개성적인 성격묘사나 유머가 있는 대화 등의 미묘한 감정표현에는 독특한 민족성이 잘 드러나 있다. 이야기의 구성 면에서도 옥중에서 자신의 사랑을 지켜나가는 춘향의 모습이나 처형되는 날 기다리던 몽룡과 재회하는 장면은 가장 한국적이고 드라마틱한 요소라고 할 수 있다.

「춘향전」은 실로 한류드라마의 원점을 간직하고 있는 작품이라고 나는 생각한다.

(2010. 12. 20)

고향

•• 2004년 4월 센다이(仙台)로부터 고향인 아키타(秋田)현 다이센(大仙)시로 이사하게 되었다. 쌀이 많이 나는 센보쿠(仙北)평야의 눈도 완전히 녹아 넓고 거무스름한 논에는 온화한 봄의 숨결이 퍼져 있다. 오오마가리(大曲)에서 동북쪽으로 3킬로 정도 되는 평야를 가로지르며 차를 달리고 있자니 오른쪽 전방에 빽빽하게 우거진 나무사이에 흰 벽으로 된 2층 주택이 눈길을 끈다.

성냥상자 모양으로 생긴 멋진 오오타마치(太田町) 시영(市營)주택이다. 30세대의 작은 단지. 남편과 나는 이 중앙에 위치한 한 집에 살게 되었다. 3LDK형으로 앞쪽에 3평정도 되는 마당이 있는데 식물과 꽃을 심은 흔적이 조금 남아있다. 아직 싹이 나지 않아 어떤 꽃인지는 알 수 없다. 뒤쪽에도 같은 크기의 뒷마당이 있다. 집 바로 뒤에는 원시림을 살려서 설계했다는 작은 공원이 있고, 인공적으로 만든 작은 시냇물이 흐르는데 우리 집 뒷마당과 경계를 이루고 있다. 뒷마당 쪽의 창문을 열면 졸졸 시냇물 흐르는 소리가 들려온다. 공원의 큰 나무들은 떡갈나무, 상수리나무, 졸참나무 등 그 중에 밤나무, 매화나무, 벚나무도 섞여있어 늦은 봄 새순을 틔우고 있다.

각각의 집은 낮은 울타리로 나뉘어져 노년을 보내기에 이보다 더 좋은 곳이 없을 정도로 마음이 편안해지는 환경이다. 가장 좋은 계절에 고향으로 이사한 것이다. 나의 생가는 이곳에서 20킬로미터 떨어진 카쿠노다테(角館)근처에 있는데 지금은 아버지도 어머니도 돌아가시고 오빠부부와 어린 시절의 추억을 이야기할 수 있을 뿐이다.

이삿짐을 방에 쌓아둔 채 하룻밤을 보내고 맞은 아침 7시.

「띵똥!」 하는 벨소리에 황급히 현관으로 나갔다. 문을 연 순간

「케이코! 맞지?」

예기치 못한 이른 아침의 방문객에 당황하면서 모자 아래의 갸름한 할머니의 얼굴을 본다.

그녀는 웃는 얼굴로 지그시 나를 보고 있다.

「・・・・・・어머! 토시코(年子)?」

둘은 순간 서로의 손을 세게 맞잡았다. 어린아이로 돌아가는 순간이었다.

「어떻게 내가 여기 온 걸 알았어?」

내가 한국에 간 것은 알고 있었겠지만 귀국한 것은 몰랐을 것이다. 초중학교 졸업이후에 60년이나 소원했던 죽마고우이다. 고향

의 온기가 느껴져 가슴이 벅찼다.
「너희 오빠한테 들었어. 나는 이 마을로 시집왔어」
「그랬구나. 이 마을로 왔구나.....」

여기는 인구 8천명이 안 되는 오오우(奥羽)산맥의 기슭이다. 우리가 어렸을 때는 사람이 살지 않는 한적한 산골이어서 철도도 없고 마차가 지날 수 있는 길 하나가 끝없이 이어지는 산속의 마을이었다. 검은 빛을 띤 울창한 삼나무 숲이 많아서, 근처를 지나가면 어두컴컴하게 햇빛도 잘 들지 않는 숲을 몇 군데나 지나야 집으로 갈 수 있는 그런 곳이었다.

지금은 마찻길밖에 없던 산골도 바둑판처럼 도로가 정리되어 넓은 논이 펼쳐져 있고, 시골마을에 어울리지 않을 정도로 멋진 시영주택도 들어서 있었다. 이 단지는 옛날부터 벚꽃의 명소답게 그 이름도 「벚꽃(さくら)단지」로 건설청 디자인상을 수상했다는 기념비가 세워져있다. 나는 노후의 한때를 이런 대자연 속에서 보내고 싶은 생각이 있어서 담당부서에 신청을 해 두었다. 그리고 1년 후 나의 소원이 이루어져 이곳으로 이사를 하게 되었다. 그 중에서도 특히 녹색이 아름답고 광대한 그라운드 골프장과 온천이 있는 오오우산장은 건강을 위한 운동과 휴식의 장이 되고 있어 멀리서 많은 사람들이 찾아오는 인기 있는 장소이다.

토시코는 며칠 후 이 마을로 시집온 동창생 유리코(由利子)와 이에(いえ), 사부로(三郎)군을 불러서 N온천에서 런치환영회를 해

주었다. 20살 전후에 이곳으로 시집왔을 때만해도 기차의 기적소리가 듣고 싶어서 눈물을 흘린 적도 있었다는 얘기며, 천진난만하게 놀던 어린 시절의 이야기는 그칠 줄을 몰랐다. 가난한 농가에 시집와서, 참고 견디며 살아온 그녀들의 「훈장」은 굵어진 양손의 손마디와 어느새 주름이 가득한 할머니의 얼굴이다. 그렇지만 함께 한 어린 날의 추억에 행복한 웃음이 가득하다. 고향이란 추억 속에 잠들어 있었던 것이다. 요즈음은 겨울이 되어도 썰매를 끄는 사람도 눈길을 걷는 사람도 없어진 고향 모습이지만 어린 시절 친구들의 따뜻한 마음은 변함이 없다.

그 해도 겨울이 오자 눈이 쌓이기 시작했다. 뒷마당으로 보이는 상수리나무와 떡갈나무 숲은 환상적인 하얀 숲으로 변하기 시작했다. 나풀나풀 내리는 눈. 어릴 때 내리던 눈과 똑같다. 오늘밤에도 옛날처럼 소리 없이 조용히 쌓여 가겠지.

(2011. 2. 1)

어른의 선물

●● 딸 둘이 있는 우리 집은 매년 누군가의 생일에는 작은 파티를 하는 것이 연중행사이다. 아이들이 어렸을 때는 같은 반 친구들을 불러서 잔디가 있는 정원에서 생일파티를 한 적도 있다.

아이들에게 있어서 이 날은 무엇보다도 좋아하는 케이크를 먹을 수 있는 날이다. 그리고 선물도 받을 수 있어서 더 좋은 것이다. 그래서 가족의 생일은 언제나 손꼽아 기다리며 잘 잊어버리지도 않는다. 남편도 아이들에게 질세라 자기 생일은 성대하다고 할 만큼 즐기는 사람이었다. 「올해 내 생일에 전야제는 안 하냐?」 라고 물을 때도 종종 있을 정도이다.

벌써 30년 전, 어느 해 내 생일날의 이야기다. 아이들을 키우느라 정신이 없을 때는 대개 가정에서 주부의 생일은 잊어버리는 경우가 많다. 그렇지만 아이들은 엄마생일을 잊어버리지 않는다. 초등학생 두 딸이 소곤소곤 머리를 맞대고 무언가에 들떠 있었다. 저녁식사 후에 먹게 될 화이트초콜릿으로 장식된 케이크를 기대하고 있는 눈치였다.

「엄마! 맛있는 케이크 사 오세요.」 라고 조른 것은 둘째 딸이다.

「그래. 오랜만에 케이크 먹자」 라며 준비해 두었다.

저녁식사 후에 식탁위에 케이크, 4장의 접시와 포크를 준비했다. 옆에는 리본으로 묶은 귀여운 작은 상자와 장미꽃 포장지로 포장된 예쁜 선물이 놓여 있었다. 그것을 본 남편은 「아! 오늘 엄마 생일이었구나..... 깜빡했다. 미안! 미안!」 이라고 하면서

「잠깐만 기다려 봐. 나도 선물을 준비해 올 테니까...」 라고 한다.

매년 잊지 않고 선물을 준비하던 남편이 그 해는 웬일인지 잊어버렸다고 한다. 서재에 간 지 몇 분 후에 하얀 봉투를 손에 들고 식탁에 앉았다. 「엄마! 생일 축하해요!」 라며 딸들이 선물을 건넨다. 장미무늬 손수건과 작은 강아지 브로치였다.

남편은 「나도 이거!」 라며 만면에 미소를 띠면서 「생일 축하해!」 라고 말하며 흰 봉투를 내민다. 「???」 아이들은 「아빠! 이게 선물이에요?」 라며 포장도 하지 않은 선물을 보고 불평을 했다. 「어른의 선물이야」 라고 말하면서 「열어봐도 돼.」라고 한다.

나는 얇은 봉투를 받아서 안을 천천히 열어 보았다. 안에는 하얀 종이에 『사랑합니다!』 라고 정성스럽게 쓰여 있었다. 순간 우리는 모두 웃음을 터뜨렸다. 딸들은 「이런 걸 선물로. 아빠 너무해요!」 라고 한다.

생일선물을 잊어버린 남편이 준비한 깜짝 선물이었다. 「혹시 수표나 뭐 다른 거라도....?」 라는 속물스러운 생각도 잠깐 들었지만 그래도 나에게 있어서 일생에 단 한 번의 멋진 생일선물이었다. 아빠의 깜짝 선물에 재미있어 하던 아이들이 기다리고 기다리던 케이크를 한 입 먹는다.

(2013. 6. 7.)

마차를 끄는 꿈

짙은 안개에 둘러싸여 주위는 아무것도 보이지 않는다. 단지 고요하고 음산해 보이는 늪인지 호수인지가 있다. 끝없이 넓은 호수 같기도 하다. 그 한가운데를 지나는 길이 하나 있는데 이유를 알 수 없지만 나는 마차를 끌고 그 길을 건너지 않으면 안 되었다. 가드레일도 없다. 다리도 아니고 그냥 호수 안에 나있는 좁은 길이었다. 밤은 아니었지만 안개로 덮여있어 마법사라도 나타날 듯 한 회색빛 장소였다.

길 양쪽으로는 바로 물이 있고 난간도 없이 좁다. 마차 바퀴 무게 때문에 자칫 잘못하면 길가로 빠질 것 같은 길이다. 한 발 앞으로 나아가자 네 개의 나무 바퀴는 끽끽거리며 무겁게 움직인다. 짐은 싣지 않았지만 마차에서는 무거운 소리가 난다. 좁은 길에서 바퀴가 빠지지 않도록 고삐를 세게 잡는다. 놀란 말이 달리자 마차가 쏠리기 시작한다. 기울어진 뒤쪽 짐칸이 수면으로 빨려 들어갈 것 같다. 그러자 또 온 힘을 다해 고삐를 당긴다. 말의 발걸음도 무언가에 쫓기는 듯 불안하다. 이 길은 어디까지 이어지는 것일까! 전방의 시야는 1미터도 안 된다. 말과 마차는 연결되어 있다. 길에서 떨어지면 끝이다. 나는 온힘을 다해 버티고 있었다. 말을 몰 줄도 모르는 사람이 오른쪽으로 왼쪽으로 비틀거리면서 필사의 힘으로 말을 끈다. 땀범벅이 된 분투는 한 시간이나 계속된 것 같다. 말도 나도 완전히 지쳐갈 때 겨우 그 위험한 길을 건너왔다.

건너 온 곳은 황량한 벌판이었다. 안도의 한숨을 쉬면서 주위를 둘러보니 말도 마차도 사라지고 아무것도 없었다. 묘하게 무거운 몸과 땀이 밴 양손을 움켜 쥔 채였다. 꿈이었던 것이다.

14, 5년 전의 일이다. 남편은 암 선고를 받고 대구의 Y대학병원에서 치료를 받고 있었다. 추위가 심하던 1월 말, 음력설이어서 전문의 연수 중이던 큰 딸이 서울에서 내려왔다. 오랜만에 만나는 아버지 얼굴을 보자마자 하는 첫마디가

「아버지, 황달기가 있네요」 이었다.

가족들은 1년 전 암 선고를 받았을 때와 같은 충격을 느꼈다. 딸은 「빨리 입원해야 되요!」 라고 하면서 자기가 연수를 하고 있던 서울의 S대학병원에 입원수속을 했다. 그리고 다음 날 아침 새해 차례(선조들께 신년 인사를 올리는 제사)만 드리고 급하게 입원했다.

암 치료제의 부작용인지 급성 B형간염이라는 진단을 받았다. 입원 후에는 발열이 계속되었다. 연일 황달수치가 올라가기만 할 뿐 물도 마실 수 없는 상태가 되었다.

「황달수치만 내려가면 되겠는데.......」
간치료에 권위 있는 주치의 선생님도 적잖이 걱정하는 모습이 보인다.

딸은 임신 7개월의 무거운 몸으로 나와 교대로 잠도 자지 않고 간병을 계속했다. 일반적인 식사를 할 수 없었기 때문에 먹을 수 있는 것을 찾아내서 한 끼씩 음식을 만들어서 날랐다. 나중에는 영유아의 이유식까지 만들었지만, 2주일이나 계속되는 고열과 황달 때문에 물도 마실 수 없는 상태가 되었다. 평소에는 가리지 않고 무엇이든 잘 먹던 건강한 남편이 음식을 거부하는 것을 지켜보는 것은 참으로 견디기 힘든 일이었다.
오래 전 일이라 기억이 확실치는 않지만 입원한 지 3주가 다 되어가는 어느 날 밤, 나는 너무나도 선명하게 「마차를 끄는 꿈」을 꾼 것이다.
잠이 깼는지 몽롱한 눈으로 천장을 바라보고 있는 남편에게 나는 지난 밤 꿈 이야기를 했다. 그는 그저 듣기만 하다가
「그래서 그 길을 무사히 다 건너왔어?」 라고 진지한 눈빛으로 꿈의 결말을 서둘렀다.
「음, 겨우겨우 건너왔어. 정말로 무서웠어......」
나는 아직도 확실하게 남아있는 전날의 꿈의 장면을 진짜 있었던 일처럼 생생하게 기억해 내면서 열심히 이야기했다. 남편은 나의 대답을 듣더니 약하게나마 힘을 준 목소리로
「나는 괜찮을 거야. 반드시 살아 날거야」 라고 무언가에서 확신을

얻은 듯 말했다.

그리고 2, 3일 후라고 기억하고 있는데 거짓말처럼 황달수치가 내려가기 시작했다. 선생님은 「기적 같은 일이네요. 다행입니다. 다행이에요!」 라며 마음 졸이며 경과를 지켜보던 자신의 심경을 조용히 말했다.

남편이 때때로 꿈 해석을 즐겨 해 왔던 것을 생각해 보면, 아마 내 꿈을 자신의 생명에 대한 암시라고 해석하고 믿었는지도 모르겠다. 그 며칠 후 순조로운 회복의 조짐을 보이기 시작하여 한국의 칡냉면(칡으로 만든 면)이 먹고 싶다고 했다. 곧바로 사 온 냉면을 「맛있다!」 고 하면서 어린아이처럼 밝은 얼굴로 먹어주었다.

입원한지 한 달이 지난 2월 28일에 남편은 퇴원했다. 한국은 3월에 모든 학교에 신학기가 시작된다. 나는 재직 중이었는데 남편의 급한 발병이라는 큰 시련을 무사히 넘기고 신학기에 학교로 돌아갈 수 있었다.

지금은 옛 기억을 더듬으면서 그때 일을 회상하고 있다. 남편의 띠가 말띠였다는 것을.

(2012. 10. 18)

오래된 편지

•• 남편이 세상을 떠난 지 4년이 지난 어느 날, 대구에서의 일이다.

햇살이 밝은 3월의 오후 즈음에 문득 생각이 나서 책장 서랍을 정리하고 있자니, 버리지 못하고 가지고 있던 오래된 편지 뭉치를 발견했다.

친구로부터 받은 예쁜 크리스마스카드, 이제 이 세상 사람이 아닌 동료의 편지, 친정에서 받은 편지, 남편이 일본에 있을 때 아빠한테 보낸 아이들의 편지, 남편이 우리에게 보낸 것들 등이다. 30년 전의 그리움이 가득한 것들뿐이었다. 50통이 넘는 편지뭉치를 하나하나 보니 봉투에 적힌 글씨체만 봐도 여러 가지 내용이 생각났다.

어린 딸들이 「어머니의 날」에 보낸 카드는 왠지 버리지 못하겠다. 두 딸은 고등학교 때까지 가족과 함께 살았다. 어느 해부터 큰 딸은 인턴연수를 위해 서울로, 둘째 딸은 일본에 있는 대학으로 유학을 가 버렸다.

「올해는 '어버이날' 에 빨간 카네이션을 가슴에 달아드리지 못하겠네요!」라고 일본에서 보내 온 어머니의 날 카드는 이제 가족과 함께 생활할 날이 없을 거라는 것을 암시하는 듯하다.

엄마와 딸은 이렇게 대학생이 되어 한사람씩 집을 떠나고 나면 옛 둥지로 되돌아오는 일은 없다. 내가 전에 그랬던 것처럼.....

편지들 중에 제일 얇은 편지는 일본 친정어머니로부터 온 마지막 편지였다.

「애들이 많이 컸겠구나! 훌륭한 아이로 길러라」라고 두 손자의 성장을 응원해 주신 어머니. 89세의 고령으로 아름다운 필체도 힘없이 흔들리는 것을 보니 안타깝고 슬프다. 나이가 들어도 오로지 자식만을 생각하는 어머니의 마음이 감사하다.

편지다발 속에 갈색의 두툼한 봉투가 하나 있었다.

글씨체를 보니 일본 A대학 의과대학 1학년 때 나와 남편 앞으로 보낸 둘째 딸의 편지였다. 일본어 변론대회에서 우승했다고 하면서 원고와 사진이 동봉되어 있었다. 유학 간지 1년째, 여러 가지 고생담과 실패담도 얘기하면서 그래도 씩씩하게 잘 해나가고 있다는 고집스러운 모습이 담긴 편지였다.「벚꽃과 무궁화」라는 변론대회 원고는 두 나라의 국화를 비교하면서 일본과 한국을 젊은이의 눈으로 바라본 것이었다. 다시 읽고 있자니 딸의 어린 시절 일이 생각났다.

둘째 딸은 어릴 때부터 자기주장이 너무 강한 성격이었다. 큰 딸과는 2살 차이여서 무엇을 하든 언제나 함께 시켰다. 유치원 때부터

피아노나 그림을 배웠는데 선생님이 오셔도 둘째 딸은 레슨을 받으려고 하지 않았다. 언니가 바이엘을 배우고 있으면 문밖에서 혼자 듣고 있다가 외워서 치는 것이었다.

그림만은 선생님의 지도에 따라 즐겁게 그림을 그렸다. 초등학교 3학년 때부터는 수묵화의 사군자, 즉 매, 난, 국. 죽의 기본을 2년간 열심히 배웠다. 부모 눈에는 딸에게 미술이 맞는 게 아닐까 하며 중학교 때부터 미대지망생을 위한 학원에 보냈다. 그런데 1년만 다니고 그만두었다. 고등학교에 들어가서도 진로를 정하지 못했다.

게다가 고3 1학기 어느 날, 갑자기 낮에 학교수업을 듣지 않고 집에 돌아 온 것이었다.「몸이 안 좋아서」라는 이유였다. 그렇지만 그 다음 주에도 또 똑같은 일이 반복되었다. 그 때는 같은 반 친구가 옆에 따라 왔다. 남편과 나는 당황했다. 이유는 수학과목의 모 선생님의 수업방식에 대한 반항이었다고 한다. 고3이라는 중요한 시기에 일어난 사건. 우리 집에 이런 행동을 하는 아이가 있을 줄이야! 나는 믿기지 않았다.

남편과 나는 딸을 데리고 교외의 팔공산국립공원 정상을 케이블카로 올라갔다. 상쾌한 녹색의 대자연을 바라보면서, 성장해 가는 딸의 고민을 들어주기도 하고 간곡하게 타이른 적이 있다.

「고등학교를 졸업하고 나서 자유롭게 자기 길을 선택해서 앞으로 나아가거라」라고.

부모와 처음으로 대화다운 대화를 하고 딸은 마음이 조금 열렸는지도 모르겠다. 그런 일이 있었던 딸은 한국에서 고등학교를 졸업한 지 2년째가 되던 해에 일본 국립A대학 의학부에 입학했다. 그녀의 유학생활을 담은 편지는 수없이 많다.

어느 날 편지에 「국가시험 합격자명단」이 실려 있는 지방신문이 동봉되어 있었다.

6년간 한 번도 유급하지 않고 열심히 해 준 것을 알고 가슴을 쓸어내렸다. 부모로서의 의무 하나가 끝났다는 안도의 마음이 들었다. 정말 장하다고 마음속으로 감사하는 마음뿐이었다.

그로부터 의사가 되어 10년의 시간이 흘렀다. 독립을 하고 나서는 편지를 받는 일은 거의 없어졌다. 서로 얘기를 하는 일도 적어진 딸과 3년 전에 신주쿠의 추억의 레스토랑에서 차를 마신 적이 있다.

「엄마한테 감사하고 있어요. 의사로 키워주신 것을요.」

「어? 그건 네가 열심히 노력해서 된 거잖아.」

「아뇨. 그래도 진짜로 고마워요!」

딸은 평소에 용건만 적힌 메일을 보내온다. 그렇지만 나는 딸의 「고마워요」라는 그 말에 얼마나 기뻤는지! 이 말을 그녀가 나에게 보낸 편지와도 같이 가슴깊이 새기고 있다.

편지는 그리운 사람들과 함께 지내 온 길을 이야기해 준다. 돌아가신 분의 아름다운 필체나 온기도 어제 일처럼 전해온다. 아이들이 성장하면서 쓴 편지에는 소중한 추억이 가득하다. 지금 정리하기에는 조금 이른가? 언젠가 또 다시 읽어 볼 날이 있을지도...... 이런 고민을 하면서 또 가만히 서랍 속에 넣는다.

(2012. 6. 26)

남편의 사후(2000년 11월~)

나 홀로

•• 도쿄 쿠가야마에 있는 조용한 주택가에서 작년에 요코하마로 이사를 했다. 늙어서는 자식을 따르라는 말이 있는데 반드시 그 말 때문만은 아니지만 요코하마에 사는 딸의 뜻을 따르기로 했다. 22년간 생활했던 집이 한국에 있지만 남편 없이 한국에서 살까, 일본에서 살까를 고민하고 있었다. 우선 여기서 혼자 사는 연습을 해 보려고 마음먹었다.

사쿠라기쵸역에서 5분 거리에 있는 맨션근처에는 중앙도서관, 노가쿠도(能樂堂), 요코하마미술관, 노게공원 등의 문화시설이 많다. 사쿠라기쵸 큰길에서 노게쵸 방면으로 골목을 접어들면 입구가 좁은 오래된 음식점들이 이어져 있어 밝은 불빛이 밤늦게까지 꺼지지 않는다. 그 주위에는 크고 작은 맨션들이 많이 있다. 번화한 도시 한가운데 있는데도 맨션 안은 의외로 조용하고 쾌적하다. 나는 이 방을 「나만의 안식처」라고 부르며 빌딩

사이로 펼쳐진 파란 하늘을 바라보고 있을 때가 많다.

오늘 아침은 컨디션이 좋아서 기분 좋게 기상했다. 아침식사는 언제나 갓 구운 토스트다. 원룸은 생활공간이라기보다는 작업실의 연장이라는 느낌이 든다. 방에 비해서 좀 커 보이는 테이블에는 식물화를 그리기 위해 놓아 둔 작은 화분과 노트북, 붓통과 연필꽂이, 머그컵 등이 놓여 있어 필요한 물건은 손만 뻗으면 닿을 수 있다. 이 테이블은 식탁겸용이다. 아침식사는 맛있게 끝났다. 오늘 아침은 TV를 켜는 것도 잊은 채 아침 일찍부터 노트북 앞에 앉았다.

컨디션이 좋지 않은 아침은 힘들다. 몸이 마음처럼 움직이지 않는다. 수면부족 때문이라는 것을 나 자신도 알고 있다. 그런 날은 눈을 뜨더라도 우선 침대에서 TV를 켠다. 낮은 TV소리와 영상으로 몽롱함을 떨치려고 한참동안 그대로 누워있다. 8시 30분. 벌써 시간이 이렇게 됐구나! 하면서, 아무리 자유롭다고는 하나「이제 일어나야 되는데....」마음 한구석에는 가족들과 함께 있었던 때 몸에 배인 습관? 이 따끔하게 나의 마음을 찌른다. 혼자가 된 자유로움 속에도 작은 구속 같은 것이 있구나! 라고 느낀다. 무엇을 해야 할지 아무생각도 없이 멍하니 TV에 빠져들어 간다. TV는 아무 생각 없는 노인을 사로잡는 천재이다.

나이가 들면 여러 가지로 생각이 많아진다. 오늘은 아무 계획도 기력도 없다. 특별한 고민이나 걱정도 없다. 그렇다고 희망이나 즐거움도 없다. 맨션들 사이로 청명하게 맑고 파란 하늘이 보인다. 어릴 때 고향마을에서 푸른 풀냄새를 맡으면서 바라 본 파란 하늘이 문득 생각났다. 그 때는 파란 하늘에 떠 있는 구름이 어느 먼 곳으로 내 꿈을 실어 보내 주었다. 그때는 앞을 향해 가다보면 무언가가 있을 거라 믿고 꿈을 쫓으며 살았다. 지금의 나는 내 생이 다하는 날까지 어떻게 살아야 할지 결론 없는 질문을 반복하고 있다.

「사는 것에 지쳤다」고 남편은 몇 번이나 말 한 적이 있다. 살기 위해서 8년 동안이나 암과 싸운 사람의 무거운 한숨이었다. 그 와중에도 「당신이 혼자 남게 되면 어떻게 하지」라고 말하는 진지한 옆모습이 새삼 떠오른다. 지금 혼자라는 현실을 마주하고 보니, 꿈도 기대도 없이 미래를 향해 가고 있는 자신의 모습이 보이는 것 같다.

혼자 사는 사람의 감정이나 기분은 변덕스럽다. 때로는 소녀와 같은 감상에 빠지기도 하고, 다 커서 이미 독립한 딸들과의 두 번 다시 돌아오지 않을 옛 추억에 눈물짓기도 한다. 그래도 이런 작은 추억이 노년을 맞은 사람에게는 희망의 빛이 되는 것 같다. 키무라 하루미(木村治美)선생님의 「가족도 인생도 추억을 쌓아 가는 과정」이라는 말이 나를 묘하게 행복하게 해 주었다. 우울한 그 날 아침은 11시가 다 되어서 겨우 도서관에 가서 노년에 관한 에세이를 읽으며 고독을 잊었다.

오늘 아침은 기분 좋게 눈을 떠서 식후에 먹는 약도 챙겨 먹고 노트북 앞에 앉는다. 왠지 「혼자가 되는 것」에 대해서 써 보고 싶어졌다.

최근에는 남은 인생을 감사하면서 끝까지 살아가는 것이 노인의 미덕이라고 여겨진다. 그렇게 살고 싶다. 바람직한 노후의 삶을 생각할 때면 떠오르는 책이 있다. 후카자와 시치로의 『나라야마부시코』의 여주인공 오린의 만년의 삶이다. 나는 젊은 시절부터 오린의 만년의 삶을 동경해 왔다. 고령자가 많아진 오늘날의 사회에서 자식이나 손자들에게 작지만 감동을 남길 수 있는 노후를 보내고 싶다는 생각이 더 강해진다.

쾌청한 하늘 아래 오늘 아침에는 테라스에 짙은 빨간 색 하이비스커스 한 송이가 예쁘게 피었다. 기분 좋은 바람을 맞으면서.....

(2010. 10)

강연「흐르는 강물처럼」

●● 7월 4일 아침 8시. 도쿄 역에서 토호쿠신간센「코마치호」를 탔다. 날씨가 오락가락하는 장마기간 중에 내가 향한 곳은 태어나고 자란 고향 아키타였다. 오후 1시부터 열리는 경주「나자레원」을 후원하기 위한 자선 강연회에 참가하기 위해서였다.

강사는「와라비좌」, 민족예술연구소의 차타니 쥬로쿠(茶谷十六)씨. 그와는 20년 전부터 친분이 있는 사이였다. 한국문화와 예능연구에도 공헌해 왔기 때문에 최근의 근황이 궁금해서 가보기로 했다. 강연의 부제는-조선왕조 최후의 황태자비 이방자의 생애-로 되어 있다.

이 방자여사는 일본의 황족인 나시노미야(梨宮)님이다. 쇼와천황의 왕비후보였으나 미야님은 1920년에 정략결혼으로 조선왕조 최후의 황태자비가 된 것이다. 당시 조선왕조의 황태자는 10살 때부터 인질로 일본으로 끌려와 일본교육을 받으며 성장했다.

나는 25년 전에 취재를 위해 한국의 창덕궁 낙선제에서 이 방자여사를 만난 적이 있다. 83세의 그녀가 아직 여러 가지 자선활동을 하시던 때였다. 강연소식을 듣고 잊고 있었던 옛 기억이 떠올랐다. 강연의 제목「흐르는 강물처럼」은 이방자여사의 자서전 타이틀을 그대로 따 온 것이다. 또 하나의 관심사는 2년 전에 발견되었다는 그녀의 일기와 편지에 있었다. 아키타시의 쿄도오마치빌딩의 오히라노마(大平の間)에는 전후세대의 노신사, 노부인들로 200석의 자리가 거의 차 있었다.

강연은 한국과 일본의 역사부터 시작되었다. 올해는 한일합방 100주년의 해이기도 하다. 식민지시대에 한국에서는 일본어 사용, 신사참배와 창씨개명 등 황민화정책을 강요당했다. 1945년 일본 패전의 날을 한국에서는「광복절」또는「해방의 날」이라고 한다. 그때까지 한국에 살고 있던 일본인은 하루아침에 보복을 피해 도망쳐야 했다. 또 일본으로 귀환하지 못하고, 가족에게도 버림받은 일본부인들이 많았던 것이다. 그녀들 중 일부는「나자레원」에서 생명을 이어가고 있지만, 전후 60년이 지난 지금도 역사의 희생을 무겁게 짊어진 채 한일양국으로부터 원조도 받지 못한 채 이국땅에서 잠들어 가고 있는 것이다. 강연회장에는 재일 한국인도 있었을 텐데 강연이 이어질수록 무거운 것이 짓누르는 것처럼 분위기는 조용해졌다. 인간이 일으킨 역사의 비극을 아는 자들의 침묵이다.

강연은 본주제인 이 방자여사의 생애로 이어졌다. 겨우 어깨 위의 짐을 벗은 듯한 분위기가 느껴졌다. 나시노미야(梨宮)가에서 태어난 이 방자여사는 15살에 이 전하와 약혼하고 1920년 18살에 결혼하지만 패전으로 한국의 황적에서 삭제되었다. 그 후 오랫동안 한국으로 돌아가는 것이 불가능했다가 1963년 전하와 함께 한국으로 가게 되었다. 겨우 한국국적을 취득하게 되었다. 1970년에 전하가 사망하신 후, 이 방자여사는 87세의 나이로 세상을 떠나시기 전까지 20여 년간 한국의 장애인 지원과 복지사업에 공헌하셨고 한국의 국모로 존경받았다. 일본 여성이면서 이왕가의 사명을 다하신 노고를 새삼 느낄 수 있었다.

발견된 일기는 1919년에 쓴 136일분인데 그 일기에는 결혼예정일 4일전에 전하의 아버지인 고종황제가 사망(독살설이 있음)하셨다는 소식을 듣고 비탄을 느끼는 심정과 연기된 결혼식, 10살 때부터 일본에서 인질로 살고 있는 전하를 불쌍하게 여기는 마음 등이 쓰여 있었다고 한다. 그 해는 3월 1일을 중심으로 독립운동이 일어난 시기이기도 하다. 그러나 결혼이 연기된 중에도 전하를 향한 애정을 키워나가고 인간으로서 신뢰하고 인생을 함께 하며 고난을 함께 할 결심을 써 놓은 기록이었다고 한다. 그녀의 자서전 중에도 다음과 같은 기술이 있는데 자필 일기에 근거해서 기록한 것일지도 모르겠다.

「복잡한 이왕조 내부의 음모와 정쟁으로 앞날의 불안과 많은 어려움이 있음에도 각오를 다져서 고난의 길을 전하와 함께 할 것을 결심했다」 고 적혀 있고, 「결혼 의식을 마친 날」이라는 제목으로 「이왕세자비 방자전하가 된 나는 전하만을 의지하고 따르며, 어떤 운명의 자리에 있더라도 거기서 최선을 다해 살 것이며 그곳을 지키다 그곳에서 죽으려고 생각했다」 고 적혀 있다.

이방자여사가 한국에 오신지 3년 후에 나도 한국에 왔다. 황폐한 전쟁의 상흔만 남은 서울. 거기서 늠름하게 살아간 이 방자여사에게서 메이지시대 일본여성의 모습을 찾아볼 수 있다. 해저무는 차창을 바라보면서 쇼와에 태어난 자신의 운명에 새삼 감사하는 마음이 들었다.

(2010. 7. 5)

세토우치(瀬戸内)33관음영지순례(1)

•• 「내일 갈 준비는 다 했어?」
「응, 이제 겨우 마쳤어...... 컨디션은?」
「그냥 그럭저럭 괜찮아. 그래도 올해는 지팡이를 가지고 가려고 해.」

내가 아키타까지 장거리전화를 한 사람은 고등학교 친구 K이다.

남편이 세상을 떠난 후 살아 갈 희망이 보이지 않는 하루하루를 보내고 있을 때, 중학교 때 친구 A군이 「순례에 참가해 보지 않을래?」 라며 순례를 권해 주었다. 나는 불교도는 아니었지만 남편은 자기 어머니의 영향으로 젊을 때부터 불교를 믿었다. 그가 살아있을 때 「언제 같이 순례하러 가자」고 약속했지만 실현하지 못했던 일이 생각나서 흔쾌히 나는 마음을 정했다.

A군은 몇 년 전부터 순례를 해 오고 있다. 남편이 세상을 떠난 해에 친구 K도 사랑하는 남편을 잃었다. 나는 친구 K에게 순례를 권했다. 그때부터 함께 순례 길에 올라 올해로 3번째가 된

다. 재작년에는 아이즈와카마츠(会津若松)33관음을, 작년에는 비와(琵琶)호 근처의 코코쿠(湖国)11면관음영지를 참배했다.

올해도 11월 15일은 우리가 순례를 가는 날이다. 올해는 세토우치 33관음을 5박6일에 둘러보게 된다. 멤버는 승무원을 포함해서 20명이다. 예년과 거의 같은 멤버인데 주최는 아오모리(青森)현의 엔카쿠지(円覚寺)이다. 주지스님은 고령임에도 불구하고 앞에서 우리들을 인솔해 주셨다. 남성은 A군과 주지스님과 승무원 이렇게 3명뿐이고 나머지는 전원 늙은 여성들이다. 순례자의 평균연령은 70세 정도가 아닐까 생각된다.

아오모리와 아키타 방면에서 출발하는 14명은 침대가 있는 열차로 도쿄에 와서 「노조미(のぞみ)」를 타고 신오사카(新大阪)까지 간다. 칸토우(関東)에서 오는 6명은 신요코하마(新横浜)에서 합류하였다. 전원은 곧 신오사카에서 「히카리(ひかり)」를 갈아타고 오카야마(岡山)현으로 향했다.

순례는 열차 안에서부터 시작된다. 집을 나올 때부터 상하 흰 의복을 입고 열차에 탄다. 흰 옷을 입고 여행을 하면 저절로 관광을 할 때와 달리 엄숙한 마음이 된다. 차창 밖의 풍경도 조용하고 여유로운 시간이 되어 흘러간다.

순례자는 흰 옷(淨衣)에 「동행2인」이라고 쓴 흰 가방을 어깨에 멘다. 「동행2인」이란 순례자가 언제나 코우보(弘法)대사와 함께 한다는 의미인데 삿갓에다 쓰는 사람도 있다. 최소한의 필수품은 이 가방에 넣는다. 염주, 향, 양초, 방울, 신불을 참배할 때

올릴 돈, 기도를 위한 책 등이다. 흰 옷에는 반야심경이 쓰인 깃을 달고, 그 위에 보라색 바탕에 금색 문양이 들어 간 와게사(輪袈裟)를 목에 걸었다. 삿갓이나 발감개 대신에 흰 모자나 흰 장갑을 끼는 사람도 있다.

오카야마현 아이오이(相生)역에서 내리자 버스가 기다리고 있었다. 밖으로 나오니 햇살이 부드럽고 상쾌한 가을하늘이 보였다. 이제부터 도보와 버스로 하는 참배가 시작된다. 버스는 첫 번째 장소인 「후몬(普門)사」로 향했는데 길이 좁아서 산문까지는 버스를 내려 걸어서 올라갔다. 행렬을 만들어 걸어가자 순례자의 발걸음마다 맑은 방울소리가 딸랑딸랑 아득히 먼 곳으로 빨려들어 가는 듯하다.

한 사찰에 도착하면 주지스님을 따라 기도가 시작된다. 반야심경을 낭독하고 영가(詠歌)를 올리고 기도를 드린다. 향을 피우고 두 손을 합장하면 조용한 산사의 공기가 전신을 감싼다. 나는 가슴에 품고 온 남편의 사진과 함께 합장을 했다. 눈에 보이지 않는 진솔한 기도 속에서 신앙을 통해 얻을 수 있는 평온함이 조금씩 싹트는 것을 느낀다.

7번 사찰인 「카카쿠지(花岳寺)」에는 300여 년 전의 아코우의사(赤穗義士)의 묘가 있고, 아사노케(浅野家)의 보리사(菩提寺)를 보았다. 「오오이시(大石)의 자취가 남아있는 소나무」가 당당한 위엄으로 경내를 지키고 있다. 그 날은 비젠(備前)시, 세토(瀨戶)시, 아코우(赤穗)시의 6개 사찰을 참배하고 숙소로 왔다.

대부분의 관음상은 33년에 1번 일반에 공개하기 때문에 그 모습은 볼 수 없지만 순례자로서의 하루가 끝나면 기분 좋게 피곤한 다리와 허리의 피로와 함께 마음이 충족되는 것을 느낀다. 숙소의 저녁식사가 쇼우진(精進)요리가 아니라 멋진 일본식 상차림이어서 조금 당황했다.

식후에는 「13불신앙은 어떻게 일어났는가」 라는 조금 딱딱한 법연이었지만, 쉽게 석가모니가 지향했던 고행에 대한 이야기부터 시작했다.

석가가 지향한 것은 인간의 「생로병사」의 고행을 해결하는 것, 즉 현세의 이익을 가리키는 것이지, 내세의 인과응보가 아니었다.

이야기를 들으면서 인상에 남는 부분이 있었다. 석가는 단식을 하고 6년간이나 고행을 했지만 구하는 답을 찾을 수 없었다. 그러던 어느 날 둑 위를 걷다가 노래를 부르는 농부의 노랫말에 마음을 빼앗겼다.

비와(琵琶)의 줄을 팽팽하게 조이면 툭 끊어지고
조금씩 풀다보면 축 늘어진다.

(인도의 속요)

석가는 어쩌면 「고행」이란..... 그저 괴로운 것만이 아닐까! 「극단적인 편향(偏向) 」에서는 어떤 진리도 찾을 수 없는 것이아닐까! 라고 깨닫고 마르고 쇠약해진 때투성이 몸을 니

렌젠가(尼連禅河)에서 씻고, 스자타(촌장의 딸)가 바치는 죽으로 체력을 회복한 후, 「고행」을 버리고 새로운 수행에 들어갔다. 그것은 「중도(中道)」였다. 체력을 회복한 석가는 보리수나무 아래에서 명상을 한 다음날 아침, 새벽의 밝은 별이 빛나는 순간, 깨달음을 얻었다고 한다. 35세였다고 전해진다.

그러나 불교는 인도로부터 전래되는 도중에 각 민족의 「죽음에 대한 공포」가 더해져서, 중국에서는 「사후의 세계」와 강하게 결부되었다. 그 후 일본까지 전해지게 되는데 헤이안(平安)시대말기에는 일본인도 「정토의 왕생」을 기원하는 등 「사후의 세계와 불교」가 결부된 과정을 알게 되었다. 본론은 그 다음날 또 계속된다. 기분 좋은 피로를 온천에서 풀고 10시에 편안한 하룻밤을 무심으로 잠든다.

다음 날 아침은 8시에 출발하였는데 마침 안개 같은 가랑비가 내렸다. 11번 사찰인 「묘오지(明王寺)」는 오래된 사찰로 경사가 급한 돌계단이 이어졌다. 이 사찰은 8세기부터 있던 비젠(備前)의 유명한 사찰이다. 관음당에는 오카야마현 중요문화재, 후지와라(藤原)시대(헤이안(平安)후기)의 우아한 성관음상이 모셔져 있다. 비자나무 한그루전체에 불상을 새긴 것으로, 높이는 약 1.5미터이다. 주지스님의 재량으로 법당 안에서 배견할 수 있었다. 긴 세월을 지나면서 검게 변한 표면에 흐르는 듯한 부처님의 옷의 곡선은 부드럽기만 하다. 성관음상 특유의 왼손에 반쯤 핀 연꽃 봉오리를 들고, 자애로운 눈길로 중생을 내려다

보고 있는 모습이 아름답다. 직접 손으로 만지면서 역사의 온기를 느낄 수 있었다. 이것은 가장 가까이에서 접한 관음상과의 만남이었다.

가을비는 약하고 조용하게 계속 내리고 있다. 버스는 시가지에서 세토우치 해변으로 향한다. 짧은 가을날은 빨리 저물어서 「호우도우지(宝島寺)」에 도착했을 때는 벌써 어두워져버렸다. 회중전등으로 발밑을 비추면서 그날의 마지막 기원을 마치고 숙소 비젠야(備前屋)에 도착했다. 그날 하루 걸은 거리는 5.4킬로이고, 8400보였다.

저녁식사는 왕새우와 도미 샤브샤브, 특제 마마카리 등 현지의 맛있는 해산물이었는데, 호화로운 해산물요리가 마음에 걸렸다. 순례를 할 때는 채식위주의 쇼우진 요리이어야만 한다고 생각하고 있었기 때문에 나중에 주지스님께 여쭈어 보았다. 지금은 사찰에서 숙박하는 것이 아니라 일반 숙소에 묵고 있기 때문에 식사는 어쩔 수 없다고 하는 것이다. 단 술은 금지라고 한다. 하루의 순례를 무사히 마치고 내일을 위해서 깊은 잠에 빠져들었다.

3일째 날, 가랑비는 완전히 그쳤다. 온천여관의 벼랑 틈에 무성한 마른 풀은 상쾌한 아침햇살을 받으며 한층 가을의 정취를 더해주었다. 7시50분, 이른 출발이다. 이날은 11곳의 순례가 예정되어 있었다. 울긋불긋하게 물든 산들을 바라보면서 바다 쪽으로 내려갔다. 아득하게 보이는 세토우치 바다에 떠 있는 섬들은 소담스러우면서도 조용하다. 파도도 없이 잔잔한 수면에 고독한 배가 보였다가 사라진다.

15번 사찰인 「센슈인(千手院)」은 경사가 급한 돌계단을 올라가야 하는 고지대에 있었다. 사방의 산들도 아름답지만 본당 뒤쪽에 있는 자연정원이 유명하다고 한다.

정원 안쪽으로 돌아가자, 크고 작은 조개껍질이 가득 쌓여 있는 평평한 지층이 10미터 폭으로 가로놓여 있었다. 이것은 「해성층(海成層)」이라고 하는데 해저에 퇴적된 지층이 지각변동으로 융기한 것이라고 한다. 정원 앞에 있는 조용한 연못 안에는 4~5미터나 되는 큰 나미가타이와(浪形岩)가 작은 섬처럼 튀어나와 있었다. 사찰의 역사와 함께 정원 안에서 지구의 변천을 볼 수 있는 사찰이었다.

세토우치(瀨戸內)33관음영지순례(2)

●● 22번 사찰「칸스이지(寒水寺)」는 좁은 산길이어서 버스로는 올라갈 수 없었다. 커브가 많은 길이 600m 정도 있다고 한다. 방울소리만이 발걸음을 따라 딸랑, 딸랑, 딸랑, 딸랑, 멀리에서 가까이에서 맑은 공기를 울리면서 순례자의 긴 행렬은 천천히 산사 쪽으로 사라져 간다.

다음 사찰「반다이지(盤台寺)」에 도착할 쯤에는 해질녘이 되었다. 산의 툭 튀어나온 끝부분, 높이 10M 정도의 절벽에 관음당이 있다.「항해를 보호해 주는 관음」으로서, 옛날에는 많은 신도들이 모였다고 한다. 걸어 올라가기 위험하기 때문에 경사 진 돌계단 아래에서 기도를 올리고, 더 어두워지지 전에 오노미치(尾道)대교를 건너 무카이지마(向島)로 들어갔다.

이날의 마지막 사찰인「진구우지(神宮寺)」로 들어갈 때는 외등도 없는 어두운 길뿐이었다. 6시 50분 회중전등 아래에서 기도를 마치고 오노미치로얄호텔에 도착했다. 하루 동안 걸은 거리는 약 7킬로이고, 9천200보 정도였다.

기다리고 기다리던 저녁식사에 나온 복어 통구이는 귀한 음식인데다 함께 나온 메밀국수는 특히 맛있었다. 그날의 설법은 49제와 1주기, 3주기를 지내는 제사의 의미와 사후세계를 지켜주는 「13불」에 관한 이야기를 들었다. 일상적으로 지내왔던 「제사」의 의미를 새삼 알게 된 계기가 되었다.

4일째 날, 오노미치를 출발하여 쾌청한 가을 하늘 아래, 남쪽에 있는 「류게지(龍華寺)」로 향했다. 이마코우야산(今高野山)이라고 쓰인 정문을 지나 산길을 올라가자, 좌우에 석단이 쌓여있는 와키데라(脇寺)의 옛터가 있었다. 올라가는 길 양편에 떨어져 있는 단풍잎은 좁은 길에 융단을 깔아놓은 듯 했다. 노랑은 은행잎이고 빨강과 다홍은 단풍잎이다. 굽이진 오르막은 울긋불긋한 단풍터널이다. 그 아름다움에 넋이 나가 걷다보니, 경사가 심한 돌계단도 어느새 다 올라와 있었다. 한산한 경내에는 많은 사찰의 처마가 줄지어 서있다. 주위에 펼쳐져 있는 비단 같이 아름다운 나무들의 모습이 인상 깊은 사찰이다. 왠지 모르게 좀 더 엄숙한 마음으로 기도를 올린다. 다시 쌓인 낙엽을 밟으면서 버스로 돌아와 점심식사를 했다. 점심으로 카레라이스를 먹을 수 있어서 소박한 즐거움에 젖었다.

오후 2시부터 40분 정도 남쪽으로 이동하여 「후쿠쇼우잉(副性院)」

에 도착하였는데, 역시 길이 좁아서 버스를 내려 한참을 걸어가야 했다.

「후쿠쇼우잉까지 이 버스로 올라갈 수 있을까요?」

「글쎄요 잘 모르겠습니다..... 커브가 많이 있어서요. 길도 좁고..... 정 그러시면 제 차로 한 번 보고 오시겠어요?」

라고 말하며, 버스 운전수를 작은 자기 차에 태워준 사람이 있었다.

순례를 마치고 돌아오는 길에는 버스가 꽤 가까운 곳까지 올라와서 기다려 주었다. 운전수를 자기 차에 태워 준 사람은 이 마을에 사는 농협 직원이었다고 한다. 한 사람의 친절이 다른 많은 사람의 여행에 기분 좋은 추억을 만들어 주었다.

그리고 버스로 한 시간정도 가서, 총길이가 1270M나 되는 쇠줄에 매달려 있는 「인노시마(因島)대교」를 건넜다. 주위에 떠있는 섬들은 잠들어 있는 숲처럼 바다위에 둥둥 떠 있는 평온한 풍경이다. 인노시마 남부에 위치한 「타이쵸우잉(対潮院)」을 참배하고 나서 남동쪽에 있는 마지막 순례 사찰인 「칸논지(観音寺)」에 도착했다. 땅거미가 질 무렵이 되어서야 이번 순례의 만원성취(満願成就)를 했다.

산사 주위는 곧 어둠에 휩싸였다. 하늘에는 초승달이 차갑게 떠 있다. 회중전등으로 발밑을 비추면서 좁은 길을 묵묵히 내려갔다. 산을 내려가면 해변에 넓은 국도가 나오리라 믿으며, 쓸쓸한 방울소리와 함께 그저 갈 길을 서둘렀다. 문득 정신을 차리고 일행을 찾아보니 4명밖에 없다. 그래도 어쨌든 아래로 내려가자, 겨우 넓은 길을 만났다. 그런데 국도에서 기다리기로 한 버스가 보이지 않는다. 길을 잃은 것 같다. 희미한 달빛 아래 차가운 밤바람을 맞으며 불안한 시간이 흐른다. 그러자 어디선가 4~5명의 말소리가 점점 가깝게 들려왔다. 몇몇 그룹에 마을 주민 아주머니가 길안내를 하며 오고 있었다.

「여기는 밤이 되면 멧돼지가 나오거든요」

라고 말하면서 아직 보이지 않는 우리 일행을 걱정해 주었다. 한참이 지나서야 버스와 연락이 되었다는 정보가 들어왔다. 작은 사건이었지만 버스에 타고 있던 멤버들과 무사히 합류했다. 오후 7시 반에 4일째 날의 마지막 숙소에 도착했다.

마지막 만찬에는 맥주로 건배를 했다. 이번 순례는 꽤 강행군이었지만, 전원이 무사히 만원성취(滿願成就)한 것을 축하했다. 다음 날은 미야지마(宮島)의 이츠쿠시마(厳島)신사를 참배하고 비행기로 돌아갔다.

「올해로 순례는 마지막이 되겠네!」라고 말하는 85세의 Y씨는 오래된 순례의 선배이자 최고령 참가자다. 이번 순례에서 모은 사찰의 주인(朱印)을 친척이나 친구가 세상을 떠날 때 관에 넣어 줄 거라고 한다. 순례복은 각자 자신이 세상을 떠날 때 필요한 물건이다. 나도 어느새 마지막 여행을 위한 준비를 마쳤다.

믿음을 통한 평안과 감사의 마음으로 살아있는 행복을 알게 된 좋은 여행이었다.

(2013. 2. 20)

신변정리

•• 「나는 먼저 가서 기다리고 있을 테니 당신은 천천히 오시게!」 투병생활 중이던 남편은 컨디션이 좋은 어느 날, 진지한 얼굴로 이런 말을 했다. 그리고 4년 전 3월 3일에 그는 조용히 여행을 떠났다. 그날은 그의 생일이었다. 생명을 받았던 날에 영원히 떠나버렸다는 허무함은 오랫동안 계속되었다. 함께 살아온 시간들은 무엇이었을까! 라는 고독이 밀려온다. 그 때 나는 생각했다. 우리는 서로를 만나기 위해서 이 세상에 태어난 것이니까, 이 세상에서의 생명이 다하면 반드시 저 세상에서 다시 만날 것을 믿으며 살아가자고.

작년에 나는 희수를 맞이했는데 남편이 세상을 떠난 후 내 신변정리를 어떻게 해야 할까 하고 고민하는 날이 계속되었다. 나는 42년 전 국제결혼을 하고 반생을 한국에서 보냈기 때문에 집도 생활기반도 한국에 있다. 홀로 남은 노후를 어디서 어떻게 마치면 좋을까 하는 고민이 남았다. 남편은 치료를 위해 8년간 일본에 살았고 도쿄에서 마지막을 맞았다. 그 후 얼마 지나지 않아 나는 도쿄에서 둘째 딸이 사는 요코하마의 맨션으로 옮기게 되었다. 가족과 함께 살았던 한국 집은 10년 가까이 현관문을 잠가 둔 채로 있었다. 혼자 살기에 너무 넓은 이 집에서 추억을 되새기며 혼자 살 수 있을까? 그렇게 살까? 아니면 어떻게 하면 좋을까? 남의 손에 넘기는 것도 아깝고, 그렇다고 살자니 너무 넓고.... 이런 갈등이 2년여 동안 계속되었다.

나는 한국에서 2명의 딸을 낳았는데 지금은 둘 다 사회인이 되었다. 작년 8월의 더운 어느 날 한국에 사는 큰 딸이 이사를 했다고 했다. 두 달 후, 나는 부산에서 100킬로미터 정도 떨어진 포항시의 새집을 방문했다. 그곳은 인구가 50만 명 정도의 중소도시였는데 주변에는 아직 산과 들이 남아있고, 바다에서 불어오는 상쾌한 바람을 느낄 수 있는 신도시였다. 주위의 환경이 한 눈에 맘에 들어서
「내가 살 만한 작은 맨션이 이 근처에 없을까!」라고 무심코 혼잣말로 중얼거렸다. 작은 평수는 26층짜리 건물에 104세대(3LDK)가 있는데 벌써 다 분양되었다고 했지만, 혹시나 해서 관리사무실에 가 보았다. 다행히도 그 날 딱 한 집에 계약이 취소됐다고 했다.
나는 얼른 계약을 했다. 큰 딸이 사는 옆 동이라는 점과 햇볕이

잘 드는 집이었기 때문이다. 대도시의 맨션은 현관에 들어가면 낮에도 전등을 켜지 않으면 어둡다. 그러나 이 집은 모든 방에 자연광이 들어온다. 단독주택 같이 밝다는 것에 강한 매력을 느꼈다.

한창 일할 때인 딸 부부는 집을 넓히기 위해 이곳으로 이사를 했다. 그래서 60평짜리 맨션으로 이사를 들어왔는데, 이제 우리 모녀의 집 평수는 옛날과 반대가 되었다. 나는 35평 정도의 집이 필요했던 것이다. 늙은이와 젊은이의 세대교체의 상징이기도 하리라.

10월 30일 나의 이삿날. 평수를 줄인 새 맨션에 손때 묻고 추억이 담긴 가구를 가능한 들고 가고 싶어서, 가져갈 것들을 고르기에 바빴다. 오랫동안 살았던 「명문빌라」에 처음 이사 올 때 남편이 선물해 준 한국전통 장롱과 경대, 전부터 쓰던 식탁과 의자, 소파와 침대, 서재의 여러 가지 가구들, 23년이나 되는 시간을 지켜준 큰 벽시계, 20여 년간 매년 잊지 않고 순백의 꽃을 피워서 집안 가득 행복한 향기를 품어준 재스민 화분 등등. 추억이 담긴 가구들과 함께 이사하기로 했다.

맨션은 전에 살던 곳의 반 정도의 넓이였지만, 골라온 정든 가구들은 다행히 제자리에 잘 들어가 주었다. 새 맨션은 2층인데 거실 큰 창가에서 보이는 7그루의 적송은 정말로 멋있다. 그 당당하게 뻗은 녹색 가지들은 내 마음을 차분하게 해준다. 바다가 가까운 고층맨션이지만, 파란 하늘에서 쏟아지는 기분 좋은 햇살이 남향으로 나 있는 4개의 방에 쏟아져 들어온다. 반대편 주방으로 나 있는 작은 창으로는 산과 들의 풍경을 볼 수 있고, 바람에 흔들리는 단풍잎을 보며 바닷바람을 느낄 수 있다. 상쾌한 공기로 둘러싸인 이 맨션이 나를 위해 남아있어 준 것은 아닐까! 하는 감격으로 가슴이 벅찼다.

떨치기 힘든 미련이 많았던 명문빌라도 정든 가구에 둘러싸여 있자니, 「그래! 다 잘된 거야」 라는 마음이 들었다. 딸이 사는 집과는 지하의 주차장에서 엘리베이터로 연결되어 있다. 저녁은 손자들과 함께 이집 저집을 서로 오가며 먹는다. 이런 한 때가 가족을 느끼는 나날이 되고 있다.

넓고 정이 많이 들었던 대구의 명문빌라는 우리 가족이 최고의 시간을 보낸 삶의 장소였다. 여유로운 빨간 벽돌집은 잊을 수 없는 우리 가족에게 23년간 생활의 터전이었다. 그러나 지금은 그 추억이 담긴 가구에 둘러싸인 밝은 집에 있자니, 앞으로 살아갈 혼자만의 삶에도 서광이 비치는 것 같다.

「인생의 시간은 지나가는 것이 아니라 쌓아가는 것」이라고 말한 나의 에세이 선생님. 고독한 노후에 남겨진 소중한 시간과 아직 채색이 끝나지 않은 인생의 그림을 아름답게 그려내기 위해 나에게 주어진 하루하루를 소중하게 쌓아가고자 한다.

(2011. 2. 6)

태극권

"오늘 수련원에 갈래?"

"그래 좋아"

"그럼 거기서 만나"

사치코(幸子)는 74세, 나는 77세이다. 요즘 우리 둘은 태극권에 빠져있다. 일주일에 2번 있는 레슨을 빼먹지 않고 열심히 다니고 있다. 우리는 N항공회사 시절의 동료이다. 젊을 때는 입어본 적 없는 트레이닝 바지와 T셔츠로 갈아입은 것만으로도 젊어진 것 같은 기분이 든다. 양손을 위로 올려서 마음처럼 움직이지 않는 몸을 온힘을 다해 천장을 향해 위로 뻗으면, 「마시고! 마시고! 마시고!」 라는 선생님의 구령에 열심히 호흡을 맞춘다.

몇 초 후

「천천히 숨을 내쉬면서 내리세요!」 라는 소리에 양손을 내린다.

태극권은 스트레칭부터 시작한다. 상반신은 어떻게든 따라할 수 있다고 하더라도 하반신은 힘들다. 부드럽고 여유로운 동작 속에 눈에 보이지 않는 긴장을 느낀다. 잘하려고 하면 더 자세가 흔들린다. 몸의 중심이 흔들려서 외발서기가 잘 안 된다. 움직임은 부드러워 보이지만 무용이 아니라 중국 무술이기 때문에 「발차기」 자세가 들어 있다. 이것을 못 하는 사람은 교실에서 사치코와 나뿐이다. 1년 가까이 배웠는데 아직도 흔들흔들! 「그래도 계속하는 것이 중요합니다. 1년 되셨으니 이제부터 제대로 된 태극권은 시작입니다」 라는 선생님의 말씀을 믿고 매주 사치코와의 밀회를 즐기고 있다. 무엇이든 해 보면 그 안에는 깊이가 있다.

레슨이 끝나면 커피를 마시면서 여러 가지 이야기로 즐겁다. 그녀와 얘기하고 있으면 마치 연인과 함께 시간을 보내는 것 같다. 사치코는 수다스럽지 않고 남의 얘기를 잘 들어주는 사람이다. 느긋한 성격이어서 쉽게 흥분하는 타입도 아니다. 그렇지만 잘 듣고 적절하게 반응을 해 준다. 친절하게 잘 챙겨주고 잘난 체하지 않는다. 그녀가 관리직까지 출세할 수 있었던 것은 이런 능력을 높이 평가받아서 일지도 모른다. 그녀와 있으면 나이를 잊고 과거로 돌아갈 수 있다. 요즘 세상 돌아가는 이야기부터 옛 동료들 얘기까지.

태극권을 시작한 것은 우연이었다. 건강을 위해서 해 볼 만 한 운동을 찾지 못하고 있었다. 우연한 기회에 태극권으로 유명한 중국인 R선생님이 있다는 것을 알았다. 그 선생님이 계신 요코하마수련원에 다니기 시작한 것이 계기였다. 사치코는 엘리트 사원으로 정년까지 직장을 지켰다. 근무지는 서로 달랐지만 공통의 화제는 많다. 나는 서울지점을 마지막으로 퇴직하고, 한참 뒤 한국의 Y대학 일본어교육과에서 교편을 잡았다. 2000년에 정년퇴임과 동시에 일본으로 가서, 지금은 요코하마에 살고 있다.

여유로운 노후를 맞으면서 우리는 같이 연극을 보기도 하고, 워킹을 하기도 하고 즐거움을 찾으면서 생활하고 있다. 태극권은 그 중의 하나이다. 부드러운 움직임 속에 상대가 알아채지 못하는 기술이 감추어져 있는 것이 태극권의 깊이이다. 동작의 강약이 보이지 않아서 순서를 기억하는 것이 쉽지 않다. 결국 책을 사서 DVD로 동작을 복습했다. 둘이서 조금씩 노력하여 지금은 겨우 입문 24식(式)을 터득했다. 앞으로 좀 더 예쁘게 해 보고 싶어진다. 외발서기도 안정적으로 하고 싶다. 우리 둘은 언제나 열심인데도 어쩌면 '잘하게 해주는 여신'에게 버림을 받은지도 모르겠다.

오늘도 그 맛만은 옛날과 변함없는 커피를 마시면서 「건강한 늙은 언니들 여기 있어요!」라는 듯 사치코와 나는 외발서기 연습에 여념이 없다. 오늘하루를 건강하게 잘 살아내기 위해 쉬지 않고 내일을 향해 살아가고 있다.

아름다운 여생을 위하여

●● 영남대학을 퇴임한 지 10년이 된다. 그 당시는 새장에서 풀려난 작은 새와 같이 해방감을 느끼는 한편 자유와 불안이 공존한 채 안정되지 않는 나날이 계속되었다. 사람에게는 누구든지 인생의 마지막이 온다. 최선을 다하여 맡겨진 일을 마치고, 쇠약해지기 시작한 심신으로 이제 남은 시간을 어떻게 끝맺어야 할까? 흘러가는 대로 멍하게 보낼 수도 있고 무언가를 차곡차곡 쌓아가면서 사는 것도 자유다. 당시에는 여러 가지 생각을 했다. 해야 할 일도 없어서 공허함을 많이 느꼈다. 도움이 되지 않는 인간이 되는 것은 무엇보다도 괴로운 일이라고 생각했다. 이것이 늙는 것인가! 라고.

늙으면 잃는 것이 많다. 우선 건강을, 그리고 젊음도 의욕도 감성까지도..... 하지만 포기는 하지 말 것! 살아있는 시간을 조금씩 쌓아갈 것! 건강하게 살 것! 멍하게 시간을 보내게 되면 살아있는 시간은 허무해 질 뿐이다. 아무것도 남지 않는다. 「오늘 나에게 주어진 삶」에 언제나 집중하고 앞으로 나아가는 것이다. 「건강한 육체에 건강한 정신이 깃든다」고 한다면 평범한 결론이겠지만 건강이 제일이다. 나는 이 말대로 살아가려고 한다.

그렇게 하려면 평소의 생활습관이 무엇보다도 중요하다는 것을 알았다. 몸을 많이 움직이고, 먹는 음식에도 신경을 쓴다. 운동을 하면서 즐거운 시간을 만든다. 외출이나 점심약속 같은 것은 잃어가는 패션센스에 자극제가 된다. 그리고 친구들과 이야기를 하는 시간은 살아가는 즐거움이 된다.

점점 잃어가는 감성은 취미로 갈고 닦는 것이 좋다. 나는 쓰고 싶은 이야기를 에세이라는 형태로 만들어 간다. 단편적으로 떠오르는 젊은 날의 기억을 하나하나 떠올리면서 써내려가는 시간은 즐겁다. 친구를 생각하고, 부모님이나 어릴 적의 자신을 돌아본다. 때로는 추억 속에 빠져들어 시간을 잊고 지내는 경우도 있다. 그리운 사람들과의 추억은 특별한 행복으로 이어진다. 에세이를 쓰면서 다시 한 번 청춘으로 살 수 있게 된다.

또 한 가지는 퇴임 후부터 시작한 수채화가 있다. 좋아하는 꽃을 골라 그림으로 완성한다. 한 장씩 완성되는 그림은 나에게 남겨진 시간을 조금씩 쌓아가는 것이리라. 그림을 그려나가다 보면 이것이 주어진 삶의 증거일지도 모른다는 생각을 하면서 이 시간을 즐기고 있다. 소품이지만 한 작품씩 완성해 가는 기쁨은 크다. 남편의 빈자리에 공허함을 느끼던 나날도 취미에 몰두함으로 살아가는 기쁨과 감사의 마음으로 맞이하게 되었다. 노후의 시간은 흘러가는 것이 아니라, 하루하루를 조금씩 쌓아가는 것이라고 생각한 순간부터 긍정적인 생활로 바뀌었다.

지금은 일본과 한국을 왔다 갔다 하면서 노후를 보내고 있다. 나에게는 그림 공모출품전이 있고, 태극권 페스티벌이나 성지순례가 있기 때문에 일본에 있을 때가 많다. 에세이스트그룹에서 작품발표도 하고 있다. 이번에 돌아오는 「팔순」에는 지금까지 써 둔 인생의 기록을 작은 책으로 만들려고 생각하면서 에세이를 쓰고 있다. 아름다운 여생을 위하여 꽃처럼 살다가 소리 없이 조용히 지고 싶다고 기도하면서......

(2012, 4, 20 요코하마에서)

요코하마 일기 - 후지산이 보인다

• • 올해 봄 요코하마의 사쿠라기쵸에서 미나토미라이 근처 하나사키쵸로 이사를 했다. 이사 한 곳은 새로 생긴 맨션의 10층이었다. 우선 사방이 빌딩으로 둘러싸인 새장 같은 거실에서 테라스 너머의 경치를 바라보았다. 끝없이 늘어서있는 크고 작은 빌딩들을 보니 대도시의 한 가운데에 있구나! 라는 것을 실감할 수 있다. 문득 맑게 갠 파란 하늘 저 멀리, 구름위에 떠 있는 것은 사진에서나 보았던 눈 덮인 후지산이었던 것이다.

능선의 반이 눈에 덮인, 틀림없는 후지산의 출현에 나는 급히 카메라를 꺼내왔다. 카메라 줌을 당기니 후지산이 내 눈앞에 다가왔다. 높은 빌딩이나 다른 건물에 방해받지 않고 늠름하게 빛나고 있었다. 딸에게 전화를 걸었다.

"후지산이 보여. 바로 거실에서!"

"진짜요?"

"진짜라니까!"
"진짜 잘됐네요. 앞으로 엄마에게 좋은 일 많이 생길 거예요."
라고 말하는 딸의 목소리도 흥분으로 높아져 있었다.

다음 날부터 아침에 커튼을 열면 저 건너편 하늘에서 후지산을 찾는 것이 일과가 되었다. 작년에 후지산을 보려고 하코네로 여행 갔던 큰 딸에게도 "거실에 앉아서 후지산을 볼 수 있다"고 말 할 자랑거리가 생긴 것이다. 나의 여생을 위해 행운의 여신이 두고 간 선물일지도 모른다는 생각이 든다. 서둘러 촬영한 후지산 사진을 그림엽서로 만들어 지인들에게 보내기로 했다.

나는 개인적인 사정으로 3개월씩 한국에 다녀온다. 8월 하순, 석 달 만에 집에 돌아왔다. 6시 10분 일어나자마자 거실로 나가보니 변화가 많은 여름 하늘에 확실하게 후지산이 보였다. 나는 문득 혼잣말로 "오늘도 만났구나!" 하면서 서둘러 카메라를 꺼내든다. 후지산이 보이는 날은 반드시 셔터를 누른다. 아침이든 저녁이든.

아침에 보는 후지산은 산뜻하다. 봄에 보았던 눈 덮인 산은 어느새 가는 능선의 아름다운 형태만을 남기고 늠름하게 솟아 있다. 하늘에 떠 있는 구름이 가끔 능선에 걸리기도 하고, 볼 때마다 다른 모습을 나타낸다. 시시각각 빠르게 그 모습을 달리하는 후지산은 색다른 정취가 있다.

해 질 무렵이면 더욱 또렷해지는 능선은 그림자 연극을 보는 듯하다. 나는 석양이 붉게 물들 때 그 실루엣만을 남기고 저물어 가는 후지산의 모습을 특히 좋아한다.

어제는 후지산에 첫 눈이 온다는 기상청 예보가 있었다. 늦더위로 힘든 이곳에서는 실감이 나지 않는다.

9월 8일. 오늘 아침에도 후지산을 만났다. 눈은 보이지 않는다. 늠름한 품격을 자랑하듯 솟아있다. 그저 묵묵히 바라보기만 해도 마음 깊은 곳에 있는 소망이나 기도까지 들어 줄 것 같은 후지산이 예로부터 신적인 존재로 여겨졌던 이유를 알 수 있을 것 같다. 그것은 후지산의 모습이 아름다워서만은 아니다. 감히 인간의 힘이 닿지 않는 신비하고 존엄한 무언가가 깃들어 있기 때문이다. 또 타쿠보쿠(啄木)의 「고향의 산」처럼 누구나 고향에 돌아가면 볼 수 있는 산은 변하지 않는 존재로서 그 자리에 있는 것이다. 일본이 고향인 사람에게 후지산은 어머니와 같은 산이며 모국(母國)의 상징이다.

일본고전문학의 「타케토리모노가타리(竹取物語)」에 나오는 후지산을 지금 내 눈앞에서 보고 있자니 먼 옛날 이 땅에 살던 사람들의 눈과 마음에 연결되는 기쁨을 느낀다.

천 년도 넘는 헤아릴 수 없는 시간과 공간 속에서, 일본의 역사를 지켜 온 후지산. 긴 역사 속에서 변함없는 사랑을 받으며 그 아름다움을 지켜 온 신비한 존재였다는 것을 생각하면 또 다른 감격을 느낄 수 있다.

며칠 전 신비를 간직한 후지산이 유네스코 세계문화유산에 등

재되었다는 뉴스를 들었다. 일본의 후지산이 이 지구의 소중한 문화유산이 되었다는 것이다.

나의 마지막 보금자리로 정한 이곳에서 바라보는 후지산은 행운의 여신의 선물이라고 여기며, 나는 오늘도 행복이 가득 찬 하루를 이렇게 마무리하고 있다.

(2012. 9. 8)

생각지 못한 병

• • 올해 5월 8일. 1년에 한 번 있는 위내시경과 CT검진을 받았다. 5월 13일 결과를 보기위해 도쿄암센터 중앙병원으로 갔다. 5년 전 위 벽에 헬리코박터균이 원인이 된 악성종양이 발견되어 방사선치료로 완치하였다. 매년 결과가 좋았기 때문에 이번에도 가벼운 마음으로 결과를 보러 갔다.

「내시경 결과는 걱정할 게 없고 깨끗합니다」 라고 말하며 선생님은 모니터 화면을 보여주시면서 평상시처럼 조용하게 설명해 주셨다. 「그런데 CT화면에서 오른쪽 가슴에 1.1cm의 작은 덩어리가 있는데 무슨 자각증상은 없었습니까?」 라고 한다.

선생님은 나와 이야기를 하면서도 계속 컴퓨터로 유선외과의 예약을 하고 있었다.

「전혀 자각증상도 없고 손으로 만져지는 것도 없는데요..... 」

「유방암일 가능성도 있으니까 검사받으실 수 있도록 예약을 하겠습니다. H선생님을 소개해 드릴게요. 언제가 좋으십니까? 내일이라도 예약은 가능합니다.」

갑작스러운 선생님의 말에 당황하여 정신을 차릴 수 없었다. 게다가 「내일」이라는 말을 듣자 너무 갑작스러운 것 같아서 「다음 주쯤으로.... 」라고 대답했다.

「그럼 다음 주로 해 놓겠습니다.」라는 말을 멍하게 듣고 나서, 오늘 예약되어 있던 방사선치료과 I선생님의 진료를 받으러 갔다. 오랫동안 남편의 주치의였던 I선생님은 무엇이든 상담이 가능한 분이었다. 모니터를 보고 있는 선생님에게

「이번에 새로 종양이 생겼다는 말을 들었는데 선생님 이 나이에도 유방암에 걸리나요?」「얼마든지 그럴 수 있지요」라고 한다.

집에 가서도 실감이 나지 않는다. 남편을 간병할 때 생화학에 대해 잘 알던 남편이「암만은 아직 현대의학으로도 완치되지 않는 병」이라며 자신의 암을 비관하던 것이 생각났다.

2주일 후 유선외과 진찰을 마치고 조직검사 결과, 정식으로 유방암 선고를 받았다. 「누군가에게 말해야 하는데.....」 딸들밖에 없다. 중요한 일은 언제나 남편에게 말하는 버릇이 있었다. 지금 남편은 이 세상에 없다. 두 딸에게 말하지 않으면 안 되겠다는 생각이 들자 문득 딸들이 나에게 가장 가까운 존재라는 것을 느꼈다. 자녀들을 보호하고 있다고만 생각했던 내가 지금은 보호를 받는 입장이 되어있는 것을 새삼 깨달았다. 딸들에게 얘기하고 위로를 받고 나자 생각보다 마음이 가벼워졌다. 혼자서 잘 이겨낼 생각이었지만 약해진 자신을 발견하게 된다.

1주일 후 딸과 함께 수술에 관한 설명을 들었다. 유방촬영술 결과, 가능한 한 원래의 모양을 남긴 채 암을 제거하는 부분절제술로 정해졌다. 초기의 경우에는 가능하다고 한다. 그리고 전신마취를 위한 마취과 선생님과의 면담을 마치고 입원을 기다리게 되었다. 하루하루가 길게 느껴지고, 무언가를 생각하는 시간도 많아졌다.

입원을 기다리는 동안 내과의사인 딸로부터 체력저하를 막기 위해 고기를 많이 먹을 것, 혈당수치는 크게 신경 쓰지 말 것, 정신적인 안정에 힘쓸 것 등의 주의사항을 들었다.

7월 11일에 입원이 정해졌다. 도쿄에 있는 암센터 중앙병원 16층 A병동. 하늘을 가깝게 느낄 수 있는 병실. 병실에 들어서자 마음이 차분해 진다. 옅은 핑크색 커튼으로 나눠져 있는 4인실은 햇빛 속에 공기가 멈춰져 있는 듯 조용하다. 곧 수술을 위한 검사가 있었다. 수술은 내일 8시 30분부터 시작한다는 것도 들었다.

당일 수술복으로 갈아입고 9층 수술실까지 휠체어로 이동했다. 엘리베이터를 기다리면서 「드디어 도마 위의 잉어네요!」 라고 말을 걸자, 간호사는 「요즘은 도마 위의 참치라던 대요」 라며 긴장을 풀어주려는 듯 농담을 했다. 가족들과 인사를 하고 수술실로 들어갔다.

수술대로 옮겨지자마자 조용한 가운데 신속하게 준비가 진행되는 듯했다. 링거 바늘이 꽂히는가 싶더니 이내 아무 감각도 없어지더니 모든 것이 암흑 속으로 사라져 버렸다.

「요코야마씨! 끝났습니다.」 부르는 소리에 눈을 떴다. 누워있는 곳은 아무소리도 들리지 않는 새하얀 방. 고정되었던 몸은 자연스러웠고 고통도 없었다. 편안하다.

「지금 몇 시예요?」「12시 반입니다.」 나는 3시간이나 암흑 속에 있었던 것이다. 시간의 흐름도 기억도 없고, 꿈이나 잠과는 다른 기이한 세계에 놓여있는 듯했다. 죽음의 세계도 이런 상태의 연장이 아닐까! 라고 생각했다. 그곳에는 시간도 빛도 어둠도 없다. 무의 세계와 같을 것이다. 의식이 멈추어 있던 시간은 의식의 굴레에 갇혀있었던 것임에 틀림없다. 현실의 세계로 나는 돌아와 있으니까. 사후의 세계도 그런 무(無)의 세계인 것일까?

「수술은 잘 마쳤으니까 안심하셔도 됩니다.」 라고 선생님은 상냥한 미소로 말씀해 주셨다. 통증도 고통도 없었다.

정신을 차리고 조금 몸을 움직이려 하자, 오른쪽 가슴이 큰 붕대로 단단하게 압박되어져 있었다. 깊은 심호흡은 힘들었다. 그 다음 날 여기저기 관을 꽂은 채 적막한 하얀 방에서 하늘이 보이는 밝은 병실로 돌아갔다. 3일째 날부터 연결된 관을 하나씩 빼 나갔다. 압박하고 있던 반창고도 작은 것으로 바뀌었다.

「샤워하셔도 됩니다.」

조심조심 샤워를 마쳤다. 오른 팔을 조용히 들어 보았다. 다행히 움직인다. 조용히 태극권 동작을 해 보았다. 가능하다. 그러나 가슴을 거울에 비춰보는 것은 할 수 없었다. 5일째 퇴원하는 날, 「지상계는 지금 폭염이야」 라는 친구의 메일을 보고 조용하고 시원하던 천상계에서 내려왔다. 올 여름 더위는 특별히 심했던 것 같다.

(2013. 8. 1)

마음가는대로 보내는 하루

•• 9월 15일, 요꼬하마의 기온은 오늘도 32도의 더위. 에어컨은 아침부터 켜 놓은 채다. 올해는 잔서가 특별히 더 심한 것 같다.

3일 연휴중의 토요일인데도 아무런 계획이 없다. 도서관에 가려고 생각하던 중에 없어진 물건을 찾느라 허둥지둥해 버렸다. 가방을 새로 바꾸고 나면, 외출하기 전에 이것저것 물건을 찾는 일은 다반사다. 지갑, 휴대전화, 경로패스는 필수품이므로 항상 정해진 곳에 두려고 노력하고 있다. 그러나 외출하려고 하면 항상 무언가를 찾고 있다. 때로는 필요한 물건을 찾다가 그 물건과 전혀 관계가 없는 것을 찾아내서 옛 생각에 잠기기도 하고, 그리움을 느끼기도 한다.

오늘 아침은 친구에게 보낼 CD케이스를 찾다가 생각지도 못했던 「사다마사시(さだまさし)」의 CD를 발견했다. 2, 3일전에 그의 작품『아름다운 아침(美しい朝)』을 읽은 참이었는데 그 CD의 발견은 즉흥적인 나를 자극했다. 그것은 사다마사시의 라이브공연을 수록한 복사CD였다.

음치인 나에게도 알아듣기 쉬운 노래가사가 마음에 들었다. 그의 노래에는 행복을 부르는 따뜻한 마음이 있고, 살아가는 것과 생명에 대한 노래가 많다.「이 CD가 있다는 것을 남편은 왜 말하지 않았을까!」라고 혼잣말을 하면서 한동안 사용하지 않던 워크맨을 꺼내 노래를 들었다. 오랜만에 소리의 세계에 둘러싸이자 기분도 밝아지고 도서관에 가는 것은 그만두기로 했다.

문득 주위를 둘러보니 초가을의 시작인지, 하늘은 파랗고 맑아진 것 같다. 눈앞에 즐비한 크고 작은 빌딩위에 여름의 자취인지 소나기구름이 하얗게 뭉글뭉글 남아있다. 혹시 오늘은 후지산이 모습을 드러낼 지도 모르겠다. 노래를 들으면서 여유로운 한때를 보내고 있자니 작년에 딸들과 하코네「유리의 숲 미술관」에서 들었던 칸초네가 듣고 싶어졌다. 그때 산 CD에 있는「나폴리에의 향수」는 특히 힐링이 되는 곡이다. 이탈리아 남자들의 달콤한 목소리는 희미한 애수를 띄면서도 투명한 태양의 빛으로 빛나고 있다. 맑게 갠 하늘과 같은 밝음이 있다.

초등학교 2학년 때 음악성적만 '수'가 아닌 '우'라는 평가를 받은 이래 자신은 음치라고 확신하며 생을 마감하게 될 것 같았다. 그래도 청춘시절에는 유행하는 샹송에 귀 기울이면서 감상에 젖을 때도 있었다. 왠지 요즘은 의지하고 기대고 싶은 남성의 달콤한 칸초네가 마음에 들기 시작했다. 노래에 치유와 위로를 받으며 평온하게 살아갈 수 있는 「지금」에 감사하는 마음이 든다.

오후 5시반경에 서쪽 하늘이 노을에 물들고 새빨간 석양이 높은 빌딩 뒤로 숨었다. 한 무리의 구름이 띠처럼 길게 뻗어가고 옅은 오렌지색 하늘에 후지산이 떠있다. 그 모습은 검붉은 하늘을 배경으로 짙은 그림자를 남기며 시시각각으로 변해 갔다. 일생에 한 번 만날 수 있는 후지산의 아름다움이다.

조용히 지는 하늘을 바라보고 있자니 문득 「당신에게(あなたへ)」라는 영화가 생각났다. 너무 늦게 운명적으로 만난 중년부부의 이야기인데 아내가 암으로 먼저 세상을 떠나고 만다. 홀로 남을 남편에게 보내는 아내의 유언은 사각봉투에 들어 있는 「안녕(さようなら)」이라고 쓰인 카드였다. 이 한 마디가 두 사람의 인생의 모든 것을 말해주고 있는 것 같았다. 짧은 시간동안의 부부의 행복을 암이라는 병 때문에 서로 다른 길을 가야하는 생과 사의 드라마인데 한마디의 말이 주는 무게가 내 가슴을 무겁게 누른다. 사랑하는 사람에게 할 수 있는 이별의 말은 「안녕(さようなら)」뿐인 것일까! 라고 생각했다. 무언가 마음에 걸리는 그 한마디가 주연으로 나온 타카쿠라 켄(高倉健)의 쓸쓸한 뒷모습과 함께 마음에 남았다.

나라면 감사의 마음을 담아 「고마워요(ありがとう)」 라는 말밖에 하지 못할 것 같다. 즐거운 추억을 만들어준 가족과 모든 사람들에게 마음으로부터 우러나오는 감사의 인사를 하며 헤어지고 싶다. 「고마워요(ありがとう)」 라고. 그리고 딸들로부터도 「고마워요(ありがとう)」라는 이별의 말을 들을 수 있다면 얼마나 기쁠까!

어느새 얼마 남지 않은 하루가 부드러운 바람이 지나가는 듯 저물어 간다.

(2012. 9. 15)

한국의 치마저고리

•• 전통의상이란 어느 나라를 막론하고 매력적이고 아름답다. 각자의 풍토에 맞게 생겨나서 그 환경에 적합한 기능과 적절한 색채와 형태의 아름다움을 가지고 있다. 특히 여성의 아름다움을 표현하는 의상은 그 나라의 전통의 진수를 이어받아 계승되는 것이 많다.

일본의 키모노(着物)도 그 중 하나이지만 한국에는 치마, 저고리라는 전통의상이 있다. 나는 한국에서 생활하면서 1년에 한두 번 입는 이 옷이 정말 좋아졌다. 가장 큰 이유는 체형을 커버해 주기 때문이다. 치마, 저고리를 입으면 어떤 체형을 가진 사람이라도 대체로 아름답게 보인다. 또 다른 이유는 폭이 넓은 롱스커트처럼 생긴 치마는 허리를 조르지 않고 가슴에서 묶기 때문에 몸을 속박하는 느낌이 없어서 참 좋다. 한복을 평상복으로 입던 시절에는 여자가 임신을 해도 출산할 때까지 주위사람들이 눈치 채지 못했다는 이야기도 있다. 젊은 사람뿐 아니라 노년이 되어서도 우아하게 입을 수 있다는 점이 이 옷의 매력이기도 하다.

지금은 한복을 평상복으로 입지는 않는다. 관혼상제나 무슨 행사가 있을 때 정장으로 입는 경우가 많다. 치마, 저고리의 천은 속이 비칠 듯 얇은 실크인데, 원색의 선명한 것부터 시크한 것까지 색깔은 수십 가지가 넘는다. 치마, 저고리는 천의 부드러움과 색의 아름다움에 그 특징이 있다. 거의 주문 제작을 하는데 얇은 천에는 자수를 한 것도 있고 무늬가 있는 것도 있다. 이 얇은 실크는 계절에 관계없이 일 년 내내 입는 것이므로 안감도 실크로 되어 있다.

나는 꽃꽂이 전시회를 할 때마다 새 한복을 해 입어서 꽤 많은 한복을 가지고 있는데 좋아하는 색과 디자인을 여러 가지로 즐기고 있다. 실크는 가볍고 따뜻하며 감촉이 좋은 것이 매력이다. 겨울에 외출할 때는 조금 두꺼운 실크로 만든 두루마기라는 코트가 있다. 거기에는 같은 천으로 된 시크한 목도리도 붙어있다.

남편 퇴임식은 여름이었다. 그때 입은 여름 한복은 마로 된 치마, 저고리였다. 저고리 깃 부분에 포도자수를 수놓은 것이었는데 그날 한 번 입고는 장롱 속에 잠자고 있다. 한복의 아름다움은 무엇보다도 흰색 마로 된 치마, 저고리라는 생각이 든다. 얼마나 시원해 보이고 우아한지 모른다.

이 나라의 의복은 역사적으로는 북방 몽골이나 중국 동북계통이라고 한다. 14세기말, 이조시대에 유교국가로서 의복제도라는 복장에 대한 규칙이 정해져, 상복은 흰 옷이라는 풍습이 정착했다고 하는데 기본적으로 치마, 저고리의 전통은 남아있다. 16세기말이 되어 여성의 저고리(상의) 길이가 짧아졌고, 치마(스커트)는 길어졌다고 한다. 치마 속에는 속치마(흰 스커트)를 입고 그 안에는 바지(얇은 천으로 된 흰 바지)를 입었다고 한다. 현재도 여성은 아름다운 치마 속에 속치마와 그 안에 흰 바지를 입는다. 해마다 저고리길이는 짧아지고 치마길이는 길어지고 있다. 드레스 같은 느낌도 든다. 소매 모양은 서양옷보다 여유가 있고 폭이 넓어서 완만한 유선형 곡선을 그리고 있다. 저고리 앞섶은 키모노처럼 오른쪽 앞으로 맞춘다. 깃에는 1센티 폭의 새하얀 동정이 붙어있는데 동양적인 청결감이 있다.

현대의 한복 속치마는 마치 웨딩드레스처럼 아래쪽이 풍성한 패치코트같이 되어 있는데 실루엣도 아름답고 누구나 간단하게 입을 수 있게 되어 있다. 저고리(상의)에 붙어있는 긴 고름은 묶는 방법이 있는데 가슴부분을 보다 아름답게 보이게 한다. 저고리고름과 평행하게 가슴에 다는 노리개라는 장신구나 금, 은, 보석으로 장식된 액세서리를 다는 경우도 있다. 옛날에 이 노리개는 어머니가 딸에게 물려주는 보물이기도 했다고 한다.

치마, 저고리에는 흰 버선이라는 일본의 흰 타비(足袋)같은 것을 신는다. 방에 들어갔을 때 발에는 청결한 흰 버선을 신지 않으면 안된다.

외출할 때 신발은 20세기가 되어서 고무가 사용되면서 신발 앞부분이 조금 뾰족하게 튀어나온 흰 고무신을 신게 되었다. 현재는 굽이 있는 흰 가죽신발이나 서양식 신발로 바뀌고 있다.

조금 더 설명을 하자면 방에서 여자들이 앉는 방법은 책상다리를 하듯 앉아서 한쪽 무릎을 세운다. 치마, 저고리를 입은 경우에는 이 자세가 제일 자연스럽고 가장 아름답다고 한다.

나는 내년 10월에 80세 기념 축하행사가 있다. 그날을 위해 오랜만에 새로 만들어 입고 싶은 한복이 있다. 투명에 가까운 옥색 실크 치마에 벨벳 수련 꽃이 입체적으로 표현되어 있는 치마저고리이다. 한 번 밖에 입을 날이 없을지도 모르겠지만 새 한복을 만드는 것은 나의 즐거움이다.

(2013. 12)

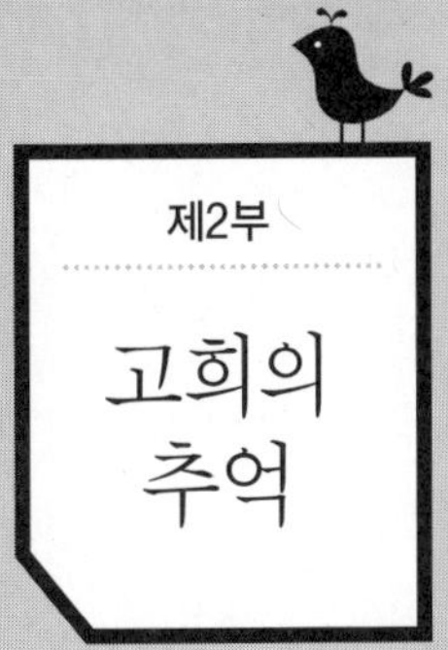

제2부

고희의 추억

남편 서 정훈(徐 正塤)의 유고

호박 말들의 행진

• • 한국에서의 일이다. 제2차 세계대전이 끝나고 진주군(進駐軍)이 상륙해 왔다. 한참 시간이 지나자 거리의 영화관에 큰 카우보이 간판이 걸리고 서부영화의 대사가 유행어가 되어, 정말로 몸이 오글오글 거릴 정도로 폼을 잡는 말들이 유행했다.

그것은 「거리의 무법자」라는 영화였다. 이 말이 가진 의미나 뉘앙스는 여러분도 잘 알고 계실 것이다. 나도 한때 소학교에 들어가기 전인 4~5살 때쯤에는 「마을의 무법자」였다. 그 무렵 우리 마을에는 약 30가구 정도가 살고 있었다.

나는 1930년생인데, 그해는 남자아이의 해라고 할 만큼 유난히 남자아이가 많이 태어났기 때문에 동네에는 나와 동갑인 아이가 5, 6명이나 있었다. 게다가 한두 살 차이까지 합치면 10명 정도가 있었다. 그 중에서 몸집은 내가 제일 컸다. 날쌘 편은 아니었지만 굉장히 힘이 세서 2~3살 위의 형들과 싸워도 거뜬히 이길 수 있을 정도였다. 어른들 농사일에 거치적거리는 존재였던 우리들은 아침밥을 먹고 나면 모두 모여, 물론 내가 대장 격이었는데 부모들의 간섭을 받지 않고 놀았다.

가난한 산골마을에서는 먹을거리에 보태려고 이른 봄이면 호박을 많이 심었다. 그러면 초여름부터 가을에 걸쳐 많은 열매를 맺기 때문에 상당히 중요한 먹을거리였다.

호박이 자라는 특징은 암꽃이 꽃을 피우면 꽃받침 아래에 열매가 생기고, 그 열매는 4~5일 만에 메론 정도의 크기가 되는데 이 정도면 요리를 해서 먹을 수 있다. 마을의 무법자가 노리는 것은 이 물오른 호박이다. 내 명령 한 마디에 모두가 호박을 모아왔다. 작은 것은 귤 크기만 한 것부터 큰 것은 어른 주먹크기만 한 것까지 수십 개가 눈 깜짝할 사이에 모인다. 2~3일후면 충분히 먹을 수 있는 음식을 따는 것은 마을사람들 입장에서는 참을 수 없는 일이었을 것이다. 무법자들이 타인의 고통을 알 턱이 없다.

우리들은 버드나무 잔가지를 적당한 길이로 잘라서 호박에 팔다리 모양으로 꽂아 넣고, 좀 작은 호박으로 머리를 만들어 수십 마리의 말을 그 자리에서 만들어버린다.

이것을 그 크기에 따라 순서대로 길에 세워놓고 임금말, 장군말, 대장말, 졸병말로 나누어 진군하기도 하고, 전쟁을 하기도 하면서 노는 것이었다. 결국에는 전쟁놀이를 하다 부서진 말은 그대로 길에다 버리고 점심을 먹으러 집으로 돌아가는 것이다.

점심밥을 다 먹기도 전에 우리 집으로 마을사람들이 찾아와서 불만을 호소하는 것이었다. 어머니는 매번 그랬듯이 어떻게든 잘 얘기해서 돌려보내셨다.

이것이 공포의 대상, 즉 농작물을 못 쓰게 만드는 「마을의 무법자」의 실상이었다. 나는 마을사람들로부터 머리에 혹이 생길 정도로 꿀밤을 맞을 짓을 했지만, 그런 기억이 없다. 그것은 면사무소 직원이신 아버지의 후광(?)과, 어머니가 마을사람들에게 드린 얼마정도의 대가덕분이라고 생각한다. 아버지는 마을사람들로부터 존경을 받고 있었던 것 같다. 당시 산촌은 가난하고 어른도 아이도 언제나 배고픈 시절이었기에 호박도 중요한 식량이었을 텐데..... 정말로 나쁜 짓을 했다고 생각하고 있다.

지금도 길을 걷다가 적당한 크기의 호박이 눈에 띄면 먹겠다는 생각보다는 말을 만들 생각이 먼저 떠오른다. 동시에 지금은 이 세상에 없는 어린 시절 친구들의 엉뚱한 행동들이 눈에 선하다.

친구여! 이 세상에서의 지난 추억을 회상하면서 호박 말이라도 만들어 천국에서의 무료함을 달래기를 바라네. 부처님 나라에도 호박은 많이 있을 테니까... ...

조선에서 호박은 익기 전에 파랗고 부드러운 것으로 요리를 하기 때문에 그것에 맞는 품종을 재배하고 있다. 물론 일본에서 재배하고 있는 품종과는 다른 것이다.

보통학교 입학

• • 나는 1930년(쇼와(昭和)5년) 4월 1일생이다. 그때 조선에서는 주로 음력이 사용되었고, 특히 생년월일 표기는 반드시 음력이었다. 나의 음력생일은 3월 3일이다. 이날은 양력으로는 4월 2일이었는데, 아버지가 면사무소 직원이었기도 하고, 나를 가능한 빨리 학교에 입학시키고 싶어서 생일을 하루 앞당겼다고 한다. 그 결과 4월 1일에 만6세의 나이로 입학을 했다. 아무리 특별하게 보려고 해도 평범한 아이라고 밖에 말할 수 없는 이 아들을 만5세 364일 만에 입학을 시키고, 아버지의 자존심은 충족시키셨는지 모르겠지만, 아들은 이 일로 일생일대의 큰 대가를 치르게 된 것을 부모님이 알 리가 없었다.

내가 입학을 한 것은 1936년, 학교는 조선 경상북도 칠곡군에 소재한 동명공립보통학교이다. 이곳은 내가 입학하기 전 해에

막 개교한 학교여서 나는 2기생이었다.

당시의 사정으로는 보통학교에 입학하는 것은 대개 10살을 넘어서부터였고, 그 중에는 14~5살이나 되는 학생도 있었다. 동급생 이군은 3학년 때 결혼을 하여 결혼잔치가 열리는 날에는 반 친구들 모두가 초대를 받아 잔치음식을 대접받았다. 그 당시 관습으로 조선에서는 아기가 태어나도 언제 홍역에 걸려 죽을지 모른다는 걱정 때문에 4~5살이 되어서야 호적에 올렸기 때문에 동기생들은 실제보다 나이가 많은 친구가 많았다. 그래서 나는 반에서 가장 어렸고, 여자애들보다도 나이가 적었기 때문에 생년월일 순으로 정리되어 있는 출석부에 내 이름은 언제나 맨 마지막에 있었다.

1학년 때 기억은 거의 없다. 단지 입학식에 할아버지 손을 잡고 갔던 것, 내 이름이 호명됐을 때 큰소리로 「하이(ハイ)!」라고 대답하자 씩씩하다고 칭찬받은 일, 자주 학교를 빼먹고 누나를 따라 간 것, 「하토폿포(ハトポッポ)」노래를 배운 것 등이다. 그러나 2학년 때부터의 기억은 그런대로 많이 남아있다. 입학했을 당시 학교에는 넓은 운동장, 교무실, 교실 2개, 우물, 부속건물이 2, 3개 있었던 것 등등.

일본인 교장선생님은 군대를 제대한 장교로 나이는 40대 정도(?)이었던 것 같고, 마르고 키가 크고 학처럼 야무지게 생긴 사람으로, 오른쪽 빰에는 전장에서 다친 큰 상처가 있고, 입이 약간 삐뚤어져 있었지만 어린 눈에도 대단한 위엄이 느껴졌다.

교장선생님은 군복에 다갈색 가죽장화를 신고 긴 일본도를 차고, 아무도 없는 교실에서 혼자 교단 위를 군대식으로 구령을 붙이며 왔다 갔다 하면서 「길은 680리, 장문의 해변을 배를 타고 떠나서... ...」 라는 군가를 큰소리로 몇 번이고 부르고 있었다. 나는 왠지 이유는 모르겠지만 대단히 감동을 받았던 것을 지금도 잊을 수 없다. 무엇에 감동을 받았는지 물어보면 대답할 수는 없지만, 내 마음의 성장에 큰 영향을 준 것 같다. 그 기억은 무언가 시원시원하면서도 산뜻한 느낌으로 남아있다.

교장선생님은 내가 3학년 때는 안 계셨다. 언제 그만두셨는지 아니면 전근을 가신 것인지, 이름도 전혀 기억에 없다.

어린이의 기억이란 이렇게 부분 부분이기는 하지만 남아있는 기억은 비교적 강렬하다. 이것은 급속한 성장과 관계가 있을지도 모른다.

그 당시 입학식은 4월 1일이었고, 대개 교정에는 벚꽃이 피어 있었다. 그 이후부터 입학과 벚꽃은 언제나 세트가 되어 떠오른다.

사설동물원

●● 소학교 3학년 무렵이었으니까 1938년의 일이다. 학교에서 「동물원」이라는 단어를 처음으로 배웠다. 지금은 일반적인 단어이지만 당시 어린 마음에는 대단히 신선한 말이었다. 나는 나 스스로 생각해 낸 것이었는지, 책에서 읽은 것인지, 아니면 다른 사람에게 들은 것인지 확실하지는 않지만 어쨌든 동물원을 만들려는 계획을 세웠다.

그러기 위해서는 우선 30센티 정도되는 유리판을 준비하지 않으면 안 되었다. 지금이야 유리는 간단히 구할 수 있는 물건이지만, 그 당시는 대단히 귀한 물건으로 가정집 장자(障子)에 밖을 볼 수 있도록 붙이는 엽서크기 정도의 유리도 구하기 힘들어서, 깨진 삼각형 유리파편을 붙여놓은 집도 많이 있었다.

유리는 오랫동안 구할 수 없었다. 아마 상당한 시간이 흘렀다고 생각하는데, 어느 날 학교 건물 뒤쪽에 있는 실습용 농기구

창고의 깨진 창 너머로 적당한 유리를 발견했다. 그러나 그 유리를 무사히 손에 넣기(훔치기)란 정말로 힘든 상황이었다. 그래도 욕심이 나서 그것을 손에 넣고야 말았다. 처음에는 유리를 볼 때마다 양심의 가책을 느껴서 한동안 노이로제에 걸릴 것 같았는데 시간이 지남에 따라 어느새 신경이 쓰이지 않게 되었고 동물원 건설(?)에 흥분하게 되었다.

아마 일요일이었을 것이다. 같은 마을에 사는 하급생 2, 3명을 불러내어 드디어 동물원 건설에 착수했다.

「동물원」을 만드는 것은 간단하다. 우선 잡초가 나있는 공터 1m 사방을 평평하게 고른 뒤, 그 중앙에 직경 약30cm, 깊이 20cm의 구멍을 파고 주위의 흙이 무너지지 않도록 물을 묻혀서 단단하게 굳히면 완성된다. 그 구멍 위에 유리판을 얹고 구멍중앙에 적당한 곤충, 개구리 등 작은 동물을 넣고 유리를 통해서 들여다보면, 여러 가지 생물의 모습을 자세하게 관찰할 수 있기 때문에 부족함 없는 동물원이 되는 것이다.

우리들은 마을을 돌아다니며 여치, 귀뚜라미, 방울벌레, 매미, 청개구리 등을 잡아서 꽤 멋있는 동물원을 만들었다. 이 사설 동물원은 마침 우리 집 뒤 공터에 만들어서 다른 사람들 눈에 띄지 않는 곳이었다. 동물원은 아이들에게(물론 나보다 어린 애들이지만) 대단히 인기가 있어서 방문자도 많이 있었다. 나보다 나이가 많은 사람에게 이 사실이 알려져 소유권을 뺏기게 될까봐 너무 무서웠다. 내가 없을 때는 신문지로 유리 위를 덮어두었는데, 가끔 어린 여자애들이 살짝 와서는 나의 허락 없이 관람(?)을 하고 가는 것 같았다. 그래서 나는 운영방법을 바꾸어 견학을 하려면 전시용으로 쓸 수 있는 작은 동물을 잡아오라고 했다. 여러 가지 생물이 모여서 꽤 좋은 구경거리가 되었다.

방문자중에는 먹던 과일이나 떡을 가지고 오는 아이도 있어서 생각지 못한 소득을 얻는 경우도 있었다. 시간이 지남에 따라 이 사설동물원에 대한 소식은 학교전체에 퍼졌고, 그 중에는 자기도 개원하고 싶다는 아이까지 나와서, 아이디어를 얻으려고 멀리서 구경하러 오는 사람도 있었다. 나는 진짜 동물원 원장처럼 행동하여서 학교에서도 지명도는 점점 올라갔다.

몇 주가 흐르자, 애들이 단순한 동물원에 싫증을 내기 시작하면서 점점 관람객도 줄어들어 동물원을 폐원할까 생각하고 있었다. 그런 어느 날 점심시간에 교무실에서 호출이 있었다. 지금까지 동물원에 열중하고 있다가 유리를 훔친 것을 잠시 잊어버리고 있었는데, 드디어 훔친 것을 들키게 되었다는 생각이 들자, 교무실에 들어가려니 몸이 떨렸다. 담임인 시키모토(儀本) 선생님은

「너, 동물원을 만들었니?」 라고 물으셨다. 나는 유리를 훔친 것 때문에 오줌을 쌀 정도로 무서웠는데 유리얘기가 아니어서 안심하면서 「네」라고 대답하고 묻는 말에 여러 가지 대답을 했다.

물론 유리 얘기는 말하지 않았다. 「*오오야마(大山)군은 상당히 좋은 것을 만들었구나!」라고 말씀하셨다. 오후 수업시간에 선생님은 나를 대단히 칭찬해주셨다. 학업 면에서 진보도 있어

서인지 그 해 학년말에는 「진보상」을 받았다. 진보상은 동물원과 관계없이 공부를 잘했기 때문에 받았다고 생각하고 있다. 소학교 6년 동안 딱 한 번 받은 상이긴 하지만… …

소학교 재학시절 추억 중에서 가장 멋진 『사설동물원장』이라는 직함은 다른 사람에게는 자랑할 수 없을 정도로 사소한 일이다. 하지만 다른 사람의 도움을 받지 않고 자기 힘으로 만들어낸 것에 대한 작은 자부심이 담겨있다.

※ 아마 소학교 3학년 때 「창씨개명」 정책에 따라 조선인은 모두 일본식으로 개명하지 않으면 안 되었다. 그때 내 성은 「서(徐)」에서 「오오야마(大山)」가 되었다.

어린 전사들

•• 짐마차가 겨우 지날 수 있을 정도로 좁은 길은, 구불구불하게 난 길을 따라 우리들이 사는 송림리(松林里)를 지나, 학교가 있는 금암리(錦岩里)에서부터 4킬로미터를 더 가는 덕명리(德鳴里) 금광까지 가서야 끝이 난다.

나는 소학교 3학년 때부터 이 송림리의 골목대장이었다. 마을에서 학교까지는 약 4km정도 떨어져있다. 학교가 있는 금암리라는 마을은 넓어서, 학교에서부터 상점가까지 700m정도 걸어가지 않으면 안 된다. 송림리에 사는 아동들은 학교를 오갈 때 항상 이 상점가를 지나간다. 때로는 간단하게 물건을 사기도 한다.

1936,7년 조선에서는 전국적으로 심한 가뭄으로 식량난이 심해졌다. 이때 궁민(窮民)대책으로 금암리에서부터 금광이 있는 덕명리까지 자동차가 다닐 수 있도록 확장공사가 실시되었다.

이 도로가 개통된 것은 1937년경이다. 그전까지 금광석은 가

마니에 넣어 짐마차에 싣고 소나 말로 금암리까지 와서, 거기서부터 트럭에 옮겨 싣고 어딘가로 운반해 갔다. 이것은 우리들이 언제나 보는 풍경이었다.

새 도로가 개통되자 트럭이 직접 광산까지 가서 광석을 싣고 오게 되었다. 트럭이 오는 것은 주로 오후인데, 마침 우리들이 수업을 마치고 집으로 돌아갈 때쯤이었다. 학교 앞에서 운 좋게 트럭을 만날 때는 태워달라고 하여 4km나 되는 길을 순식간에 올 수 있었기 때문에 모두 아주 좋아했다. 게다가 자동차를 타는 것 자체가 흔치않은 행운이기 때문에 우리들은 매일 이 행운을 기대했다. 특히 여자애들은 트럭이 오기만을 기다리다 오지 않는 날에는 기다리다 지쳐 해질 무렵이 되어서야 터덜터덜 걸어서 집으로 돌아오는 날도 있었다.

우리들은 자주 트럭을 얻어 탔기 때문에 운전수 아저씨와 아는 사이가 되어 친하게 지내고 있었다. 그런데 몇 개월 후, 트럭 운전수가 바뀌어 모르는 아저씨가 오게 되었다.

이 아저씨는 전에 있던 운전수보다 나이가 더 많았던 것 같다. 붉은 얼굴을 한 그는 우리들을 태워주지 않았다. 모두가 부탁을 해도 안 되었다. 그래서 아이들은 그 아저씨에게 「붉은 얼굴 원숭이」라는 별명을 붙이고 미워하였다. 그러던 어느 날의 일이다. 우리 집 젊은 일꾼이 좋은 방법을 알려주었다. 그것은 도로에 큰 돌을 놔두고 트럭이 못 지나가게 해서 운전수에게 골탕을 먹이라는 것이었다.

나는 모두를 불러 모아 운전수를 골탕 먹이자고 했더니 모두 너무 좋아하였다. 즉시 마을변두리에 있는 절 뒷길에 모두 함께 돌을 쌓아두었다. 그리고 점점 좋은 방법이 떠올라 이번에는 어른 혼자서는 어떻게 할 수 없을 정도로 큰 돌을 놓아두기로 했다. 그러기 위해서 밧줄을 가지고 와서 돌을 묶어서 여러 명이 함께 끌고 왔다. 이 돌쌓기는 어린 여자애들이 더 열심이었다.

운전수는 마을사람들에게 도움을 요청했지만, 마을사람들도 아이들의 사정이야기를 들어 알고 있었고, 학부형들도 암묵적으로 아이들 편을 들어주며 도움을 주지 않았다고 생각된다. 우리들은 매일은 아니었지만 상당히 오랫동안 돌쌓기를 했던 것으로 기억하고 있다.

어느 날 해질 무렵 주재소의 순사가 서양식 칼을 차고 마을회관에 왔다. 트럭사건을 조사하러 왔다고 했다. 그리고 얼마 후 우리들은 트럭을 얻어 탈 수 있게 되었다. 이것으로 골목대장인 나의 위신도 서게 되었다. 아마 마을어른들과 운전수간에 서로 잘 얘기해서 그렇게 된 것이라고 생각한다. 이 얘기는 오랫동안 화제가 되었다.

그때 모두가 모여 작전회의를 열었던 초라한 절 앞마당에는 생명력 강한 백일홍이 흐드러지게 붉은 꽃을 피우고 있었다.

그때 작전회의에 참가했던 어린 전사들의 반 이상은 이제 이 세상에는 없다.

먹대포

●● 조선민족을 「백의민족」이라고 한다. 남녀노소를 막론하고 일 년 내내 흰 옷을 입기 때문이다. 외출복도 작업복도 전부 흰 색이었다. 어릴 때 색깔 있는 옷을 입어 본 기억도 없거니와 입고 있는 사람을 본 기억도 거의 없다.

흰 옷은 잘 더러워진다. 당시 주부에게 있어서 세탁이란 지금처럼 비누나 세제가 없었기 때문에 힘든 일이었다. 커다란 시루(찜기의 일종)에 푸른 풀을 태운 재를 넣고 적당히 물을 부어두면 재속의 알칼리 성분이 녹아 나오는 데 그것을 여과해서 세제로 사용하는 것이었다.

푸른 풀을 태운 재를 사용하는 것은 알칼리성분이 다량으로 용출되기 때문이다. 여름 저녁이 되면 이 풀 연기가 마을전체에 자욱했던 것이다. 그 연기에는 독특하고 향기로운 냄새가 있다. 지나버린 옛날 그리운 그때의 향기가 떠오른다. 그 당시의 불편

하고 가난한 상황을 지금의 아이들은 상상조차 못하겠지만, 그래도 어른들도 아이들도 마음에 여유가 있었고 풍부한 정서를 가지고 있었다.

소학교 3학년 무렵의 일이다. 담임선생님께서 「내일 등교할 때 물대포를 만들어 오라」고 말씀하셨다. 물대포로 재미있는 놀이를 할 수 있을 거라 생각하고 모두 너무 좋아했다.

물대포는 직경 3, 4cm정도의 대나무를 한쪽에는 마디를 남기고 20cm정도의 길이로 자르고, 마디의 평평한 면에 직경 2mm의 구멍을 낸다. 그리고 그 통에 잘 들어갈 정도의 나무토막을 만든 다음, 통에 겨우 들어갈 수 있을 정도의 굵기로 천을 감고, 실을 둘둘 말아서 천이 풀리지 않게 묶으면 피스톤이 된다. 이 물대포는 엉성해 보이지만 10m정도까지 물을 날릴 수 있다.

시골 면사무소 앞에는 10일에 한 번 「장」이 선다. 그날은 근처의 여러 마을에서 많은 사람들이 모여들어 항상 붐비었던 것이다.

그날 점심시간에 담임선생님이 큰 양동이를 들고 교실로 들어왔다. 선생님은 「지금부터 시장에 가서 양동이안에 든 먹물을 물대포에 넣어 흰 옷을 입고 있는 사람들을 무차별적으로 공격해라」고 한다. 이 일은 4학년과 3학년 남자 합해서 30명 정도가 행동했다.

그것은 당시의 관헌(官憲)에 따라 조선 사람은 흰옷착용을 그만두도록 지도하고 있었는데, 좀처럼 받아들여지지 않아 속을 끓이고 있던 당국이 학교에 명령해서 이런 강제적인 수단을 선택한 것이었다.

그날 오후, 마을 광장에서는 큰 소동이 일어났다. 수십 명이 흰옷에 먹물을 뒤집어썼다. 자존심 센 마을사람이 가만히 있을 리가 없으니, 학교에 찾아와서 교장선생님께 항의하고 소동은 점점 커져갔다. 결국은 주재소 주임이 와서 해결했다. 해질 무렵이 된 것이 다행이었다. 그러나 여기에 그치지 않고, 그 후에도 종종 먹대포 쏘기는 행해졌다. 나는 소심한 편이어서 상급생보다 앞장서서 대포를 쏘지는 않았다. 어른들의 소중한 외출복인 백의에 검은 먹칠을 당하게 되면 큰소리를 지르며 화내는 모습이 나에게는 너무나 무서웠고, 또 가난해서 옷 한 벌도 좀처럼 만들어 입을 수 없는 사람들이 불쌍해서 견딜 수 없었다. 이런 구시대의 행정이 어린 학생들까지 동원했던 것이다.

소년기의 작은 시련

절벽 뒤통수

•• 인간의 두개골은 인종에 상관없이 거의 같은 모양을 하고 있을 것이다.

그러나 유아기의 양육방식의 차이로 성장한 후에는 전혀 다른 결과를 낳게 된다. 서양인은 엎어서 재우고 키우는데 동양인은 눕혀서 재우고 키운다. 동양인의 후두부는 서양인과 달리 평평하다. 게다가 순하게 자란 아이일수록 더욱 납작하다.

뒤통수가 납작한 사람치고 나쁜 사람은 없다. 처음 만나는 사람의 성격을 용모, 즉 얼굴의 인상을 보고 판단하는 경우가 많은데 전혀 의미가 없다.

「좋은 사람이라고 생각했는데 알고 보니 형편없더라!」라는 말을 가끔 듣게 된다. 그러나 뒤통수가 납작한 사람과 알고지내다가 배신당하는 일은 거의 없다. 오히려 사람이 너무 좋아 답답하게 느낄 때는 있겠지만 말이다. 그러나 이런 사실을 알고 있는 사람은 별로 없다.

최근에는 서양 사람들처럼 동양 사람들도 아기를 엎어서 키우는데 가끔 아기를 질식사 시키는 경우도 있다. 동양인처럼 유전적으로 얌전한 아기의 뒤통수를 무리하게 볼록한 모양으로 만들 필요가 어디에 있을까!

나는 선천적으로 얌전한 아이여서 뒤통수가 우리 마을에서 제일 납작했는데 지나치게 착해서 나도 내가 마음에 안들 때가 있다.

그러나 장난으로는 누구에게도 진 적이 없었다. 보통학교(소학교) 3학년 국어교과서에 「절벽」이라는 단어가 나왔다. 강(시키모토(儀本))선생님은 「서군 뒤통수처럼 평평한 것을 절벽이라고 한다」고 설명하셨다. 동급생들은 처음으로 배운 이 「절벽」이라는 단어가 신기했는지 「절벽, 절벽, 서군 머리는 절벽」이라고 놀려댔다. 「뭐, 이 자식이!」하고 혼내주면 그만할 텐데 반에서 제일 나이가 어린 나는 힘으로 이길 수가 없어서 오랫동안 놀림의 대상이 되었다.

「절벽」이라는 말을 들을 때마다 강 선생님이 생각나고 원망스러운 기억이 되살아난다.

시간이 흘러 절벽이라는 꺼림칙한 단어가 잊힐 정도의 나이가 되어 소학교 동급생 모임이 있었다. 만나보니 반 이상의 친구가 「조선전쟁」에서 죽었다고 한다. 여러 가지 옛날 추억얘기를 했는데 나에 관한 「절벽」이야기는 화제가 되지 않았다. 친구들에게는 기억에 남을 만큼 자극적인 일이 아니었던 것 같다.

그 중 한 친구가 「지금 강선생님이 서울에서 꽃 온실업을 하고 계시는데 날을 잡아서 은사님을 초대하면 어떻겠느냐… …」라는 말을 꺼냈다. 각각 찬반의견이 나왔는데 그 자리의 분위기가 초대하자는 쪽으로 기울어져 가고 있을 때 나는 강하게 반대했다.

뒤통수가 납작한 사람이라 언제나 얌전하고 원만한 서군이 왜 저렇게 반대하는 걸까? 하며 모두가 의아해하는 것 같았지만 아무도 그 이유를 알지 못했다. 물론 나도 입을 다물었고 초대는 없었던 일이 되었다.

「절벽」이라고 말한 그 한마디가 40년이 지나도 원망의 대상이 되리라고는 아무도 생각하지 못했을 것이다. 하지만 이것이 사람 사는 세상의 일이고, 의외로 이런 사소한 것 때문에 세상일의 흐름이 의외의 방향으로 흘러가는지도 모르겠다. 세상에는 이해하기 힘든 일이 너무나도 많이 일어나는 것이다. 긴 세월을 산 지금도 그때의 반대를 후회하지는 않는다. 나의 사고는 아직 소학교의 틀을 벗어나지 못하고 있는지도 모른다.

킨시(金鵄)훈장

•• 내가 다니던 소학교는 동명(東明)면이라는 행정구역에 있었고 그 옆에 칠곡(漆谷) 면이 있었다. 우리 학교와 칠곡면에 있는 학교는 정확히 4km 떨어져 있었다. 칠곡면은 도시에도 가깝고, 오래전에 개교한 곳이기 때문에 우리들은 약간의 열등감을 느끼고 있었다.

교장선생님은 아베(阿部)라는 이름으로 젊지만 훌륭한 인격자로 학생들은 물론 학부형들로부터도 존경을 받고 있었다. 동명면에는 서양의학을 공부하신 의사선생님이 없는데 칠곡면에는 세키(関) 씨 라고하는 뚱뚱한 여선생님이 있었고 그 병원은 잘 되고 있었다. 세키선생님은 우리 학교 담당의사도 겸하고 있었기 때문에 봄가을에 건강검진을 받을 수 있었다. 교장선생님은 자주 세키선생님을 칭찬하셨고, 학생들도 존경하여 길에서 자전거를 탄 선생님을 만나면 정중하게 인사를 하기도 하였다. 세키선생님에게는 양자로 들인 아들이 있는데 육군 장교로 군대에 가 있다고 들었다.

아마 4학년 때쯤이었는데 조례시간에 단상에 올라간 교장선생님은 전교생 앞에서 세키선생님 아들이 전사했다는 말씀을 하셨다. 학생들 사이에서 작게 술렁거리는 소리가 났다. 우리들은 큰 쇼크를 받고 교실로 돌아가자, 담임선생님으로부터 「각 학년 반장이 모여서 조문을 가기로 했다」고 말씀하셨다.

그 후 한참이 지나고「세키선생님 아들에게 킨시훈장이 수여되었다」는 것과 내일은 그 훈장을 배견할 것이니 이를 잘 닦고 손톱도 깨끗하게 해서 오도록 하라는 담임선생님의 말씀이 있었다. 다음 날 2교시 수업이 끝나자 흰 마스크를 쓴 선생님이 흰 실크 천을 깐 삼보(三寶)에 놓인 훈장을 학생들 앞으로 지나가면서 보여주셨다.

킨시훈장을 배견하고 모두 감격했다. 훈장 한가운데 직경이 1cm정도의 유리같이 빛나는 구슬이 붙어있었다. 그것이 다이아몬드라는 것이었다.

그러고 나서 한동안 학생들 사이에서는 「어른이 되면 군인이 되어서 큰 공을 세우고 킨시훈장을 받을 거야!」 라는 말을 많이 듣게 되었다. 「킨시훈장」은 소중한 생명과 바꾸어야만 받을 수 있는 것인 줄도 모른 채....

만주와 몽고 개척단

•• 쇼와(昭和)15년 만추의 어느 날, 소학교 5, 6학년 합해서 약 40명은 경성(서울)으로 수학여행을 갔다.

당시 중일전쟁도 최고조에 달하였고, 이듬해 12월 8일에 미일 개전(開戰)이 있기 때문에 경제상태는 이루 말할 수 없을 정도로, 모든 일상생활이 전시체제이었고 사회전반은 긴장된 분위기였다. 이런 상황에 시골 소학교에서 수학여행을 간다는 것은 생각도 할 수 없는 일이었다. 그래도 4학년 때부터 농번기에는 농가의 모내기나 벼 베기를 도우면서 여행경비를 모았다. 1년이 지나고「한 사람 당 저축액이 딱 여행경비 만큼 되었다」는 기쁜 소식을 선생님께 듣고 우리는 기차를 타고 경성에 갈 수 있다고 모두 기뻐하였다.

한참이 지난 후 아침 수업이 시작되기 전에「지금은 전시중이라 지나(중국)에 전쟁 물자를 보내야 하기 때문에 열차가 부족

해서 수학여행은 힘들지도 모르겠다. 그래서 교장선생님이 현청(県庁)학무과에 가서 부탁하고 있는 중인데 잘하면 갈 수 있을지도 모르겠다. 만약 허가를 받지 못하면 모은 여행경비는 국방헌금으로 할 거다」고 말씀하셨다. 모두의 실망은 컸다.

그리고 며칠이 지난 어느 날 점심 무렵 담임선생님과 교장선생님이 교실로 들어오셔서

「수학여행을 갈 수 있게 됐다. 기차와 숙소를 알아보느라 시간이 걸려서 연락이 늦었는데 출발은 오늘 밤이다」고 하셨다. 이 말을 듣고 환성 대신 한숨이 나왔다.

「3끼 도시락과 용돈을 조금 가지고 저녁에 학교에 모여서 역까지 걸어갈 거다」고 한다. 그 밖에 여러 가지 지시를 듣고 집으로 돌아가게 되었다.

나는 3끼 분량의 주먹밥을 들고 어머니로부터 20전, 누나의 비상금 15전 합해서 35전을 용돈으로 받았다. 아버지는 출장 중이어서 며칠간 집에 돌아오지 않으셨다. 1전짜리 동전 1, 2개가 용돈이었으니 이것은 큰돈이었다. 그런데 다른 친구들 용돈액수를 물어보니 50전이 최저이고, 대부분 1, 2원이었다. 가난한 집의 조군조차도 50전을 가지고 왔다. 나는 태어나서 처음으로 최고의 불행을 느꼈다. 집까지는 4km나 되어 지금가면 제시간에 돌아오기 힘들었다. 1km 떨어진 곳에 양조장을 하는 친척집이 있었다. 사정을 말하고 50전을 빌렸다.

「하나 뿐인 아들의 수학여행에 35전 밖에 안 주는 건 너무했구나!」 라는 말을 듣자 갑자기 눈물이 나왔다. 울상을 지으며 학

교로 돌아오자 점호가 시작되었고 나를 찾고 있는 중이었다.

「신동(新洞)」이라는 작은 역에서 기차를 타는 시간은 밤 12시가 지나서였다. 모두 기다림에 지쳐있었다. 그러나 쌀쌀한 역에서 조는 아이는 아무도 없었다. 기다리는 동안 밤이지만 검은 연기와 흰 증기를 세차게 내뿜는 기차가 몇 대나 지나가는 모습은 아주 대단했다. 기차가 도착하자 역무원이 램프를 흔들면서 직경 90cm 정도의 철로 된 링에 작은 가방이 달려있는 것을 내밀자, 기관사가 팔을 뻗어서 철로 된 링을 받아들고 다른 링을 역 홈에 세워진 유선형 철봉기둥에 던지듯 걸고 간다. 어두운 역 플랫폼, 연기와 증기에서 나는 유황냄새, 상하로 흔드는 빨갛고 파란 램프, 귀가 찢어질 듯 한 기적소리는 요즘 아이들이 우주선을 보는 것 이상으로 우리들을 흥분하게 했고 놀라게 했다. 한순간이었지만 세상이 달라보였다. 기다림에 지쳐갈 무렵 우리들이 탈 기차가 왔다.

기차에 타 보니 비어있는 좌석은 하나도 없이 만원이었다. 남녀가 작은 좌석에 포개 앉아 자고 있었다. 우리들이 타자, 모두가 잠을 깨어 여기저기서 이야기하는 소리가 났다. 그 사람들은 부관(釜関)연락선으로 시모노세키(下関)에서 부산으로 와서 만주로 가는 「만주몽고개척단」이었다. 누가 주는 것인지 모르겠지만 신문지를 받아서 통로에 깔고 우리들은 잠을 잤다. 어수선한 가운데 잠을 깼다. 기차는 멈추어 있고 「용산」 「용산」

이라는 방송이 나왔다. 지금은 서울시에 편입되었지만.

아침이 되었다. 많은 사람들이 바쁘게 움직이고 있었다. 우리들은 다른 기차로 갈아탔다. 좌석에 앉을 수 있어서 준비해 온 도시락을 먹었다.

기차가 도착한 곳은 인천(仁川)이라는 항구도시로 걸어서 월미도(月尾島)라는 섬으로 갔다. 처음으로 보는 바다는 대단했다. 조수의 간만도 깨끗하게 보였다. 물가의 바위위에서 점심 도시락을 먹고 2시간 정도 되는 자유시간에는 물이 빠진 개펄에서 작은 게를 잡으면서 놀았다.

며칠 전 NHK TV에서 구만주에 남겨진 일본인 잔류고아 대부분은 만주몽고개척단의 자녀였다는 보도를 보았다. 그날 야간열차 안에서 만난 만주몽고개척단 가족도 그중에 포함되어 있을까! 하고 생각하자 옛 기억과 겹쳐지면서 왠지 숙연해진다.

문학적인 소년

•• 1943년 제2차 세계대전이 한창일 때, 조선의 일상은 식량난은 물론이고 일용품의 부족 또한 상상을 초월할 정도였다. 가게에는 노트 같은 것도 없고, 있다고 하더라도 시꺼먼 갱지였는데 글자를 써도 연필 색과 종이색이 같아서 읽는데 고생을 했다. 우리 집에는 면사무소에서 필요 없어진 서류를 사과상자에 담아 놓은 것이 몇 상자나 쌓여있었다.

아버지는 가족들이 이 상자에 손대는 것을 금지시켰다. 그러나 우리 집 일꾼들은 몇 장씩 꺼내 와서 담배를 말아서 피우는데 사용하고 있었다. 아버지가 모르는 척하시는 것을 보면 중요한 것은 아닐 거라고 생각했지만 나는 아버지의 꾸중이 무서워서 절대로 손대지 않았다.

여름에 아버지가 병이 나셔서 시내 사촌형네 병원에 입원을 하셨다. 누나가 병문안을 가서 아버지 병이 오래갈 것 같다는 말을 듣고 돌아왔다. 어느 날 심심해서 사과상자 안의 서류를 꺼내서 읽어보았다. 오래된 연하장이 많이 들어있었다. 그 중에 두꺼운 양질의 종이뭉치를 발견하고 열어보니, 반지(세로 25cm x 가로33cm)크기의 양질의 흰 종이에 붉은 인주로「뽕잎」이 찍혀있었다. 종이 한 장에 뽕잎의 앞면과 뒷면이 찍혀있어서 빈 부분이 많았고, 인주가 묻어있는 곳에는 기름이 배어나와 있었지만 뒷면은 비교적 상태가 괜찮았다. 이것은 여러 종류의 뽕잎 샘플을 모아놓은 것 같았다.

나는 이 좋은 흰 종이를 50장정도 꺼내어 뒤집어서 두 번씩 접어 노트를 만들었다. 그리고 여러 가지 책에서 모은 일본노래가사를 펜으로 정성스럽게 베꼈다. 가사는 간결하고 알기 쉬웠다. 아름답고 요염한 형용사가 많이 나와서 소년의 가슴은 뛰었다. 『아이센카츠라(愛染かつら)』,『코한노야도(湖畔の宿)』,『아카츠키니이노루(曉に祈る)』,『넷샤노치카이(熱砂の誓い)』,『소슈우야쿄쿠(蘇州夜曲)』,『사카스코우타(サーカス小唄)』,『아카기노코모리우타(赤城の子守唄)』,『타비가사도우츄(旅笠道中)』,『센도우코우타(船頭小唄)』,『카나리아노우타(カナリヤのうた)』 등등. 베낀 가사로 노트가 가득 찼다. 또 마음에 드는 가사 옆에는 자신의 감상을 썼다. 완성하고 보니 꽤 멋있었다. 그 당시 교과서 이외에는 책 비슷한 것이 없던 시절이었으니 모두의 부러움을 샀다. 친구에게 빌려주었더니 마을의 이 아이 저 아이 손을 돌면서, 나는「문학적인 소년」으로 일약 유명해졌다. 특히 소녀

들에게 인기가 있었던 것 같다. 많은 친구들로부터 감상문을 받기도 했다. 이렇게 마을의 순진한 소년소녀들은 면역이 없는 상태에서 노트에 쓰인 가사를 읽으면서 전염병에 걸린 듯 했다. 오래 전 추억의 한 장면을 떠올리면 너무나 즐겁고 편안한 기분이 된다.

1945년 8월 15일

• •　　조선이다. 1945년 8월 15일(음력 7월8일, 수요일)은 날씨가 좋았다.

그날 일본이 전쟁에 질 거라고는 꿈에도 생각지 못했다. 라디오도 신문도 없는 시골에 살고 있던 나에게는 여느 때와 조금도 다름없는 날이었던지 특별한 기억이 별로 없다. 밤이 되자 희미한 달빛 아래 어디서 나타났는지 수많은 반딧불이가 희미하면서도 강하게 맑은 빛을 내뿜으며 여느 때와 같은 여름밤의 풍경을 그리고 있었다.

8월 16일 아침부터 찌는 듯 한 더위 속에서 나는 도로 옆 논에서 3번째 풀베기를 했다. 풀은 소년인 내 가슴에 닿을 정도로 키가 자라있었다. 마침 점심때가 되었을 때 산속에 살고 있는 소학생이 하교하면서 「*청년훈련병은 오늘 오후 등교하도록」이라는 전언(傳言)을 가지고 왔다. 나는 즉시 집 앞의 시내에서

땀을 씻고 점심을 급하게 먹고 옷을 갈아입고 4km나 되는 학교까지 달렸다. 그런데 학교에는 아무도 없어서, 마을광장으로 가 보았다. 가구 수가 200호정도 되는 마을에서 묘한 광경을 보았다.

지금까지 본 적이 없는 깃발을 들고 징과 북을 치면서 20명 정도 되는 마을사람들이 춤을 추고 있었다. 종이에 「대한독립만세」라고 쓴 「장대」를 들고 있는 사람도 있었다. 그 깃발은 현재 대한민국의 국기였는데, 나에게는 무슨 영문인지 전혀 알 수 없었다. 춤을 추고 있는 사람 중에서 선배 훈련생을 발견하고 무슨 일인지 물어보았다. 그러자 생각지도 못하게 「일본이 전쟁에 졌기 때문에 조선은 독립하게 됐다」고 말했는데, 「독립」이라는 단어조차 처음 듣는 말이어서 뭐가 뭔지 알 수가 없었다. 나는 이제까지 경험해 보지 못한 사고의 혼란을 느꼈던 것을 지금도 기억하고 있다.

이 마을에는 코이즈미(小泉)씨, 미야모토(宮本)씨라는 일본 사람이 살고 있었다. 코이즈미씨 부인이 당황한 모습으로 크리스트교회 쪽으로 달려가는 것이 보여서 나도 뒤를 따라갔다. 교회 옆에는 코이즈미씨네 과수원이 있는데 사과와 배, 그리고 여러 가지 채소가 많이 있고 잘 관리되어있었다. 그런데 그 과수원에 마을 주부들과 아이들이 들어가 닥치는 대로 과일과 채소를 따 갔다. 이런 광경을 나는 그때까지 본 적도 없거니와 이야기로 들은 적도 없었다. 실로 충격적인 일이었다.

코이즈미씨 남편은 3, 4년 전에 전쟁에 나가고 없고 부인이 대가족을 지키고 있었는데, 부인은 이 광경을 보고 마을사람들을 꾸짖어보기는 했지만 아무도 듣는 사람이 없었다. 어제까지 이런 일은 생각할 수도 없는 일이었다. 나는 부끄러우면서도 슬픈 마음이 들었다. 코이즈미씨 부인이 불쌍해서 견딜 수 없었다. 우리 아버지는 돌아가실 때까지 면사무소에서 근무하시면서 코이즈미씨와도 사이좋게 잘 지내셨기 때문에 더욱 미안했다.

그 사이에 해가 기울고 시원해지자, 광장에는 마을사람들이 점점 많이 모여들어 시끄러워졌고, 그 중에는 누구에게랄 것도 없이 일본인에 대해 큰 소리로 욕을 하는 사람도 있었다. 이제까지 이럴 때는 순사가 왔겠지만 이날 순사는 오지 않았다.

저녁을 먹고 다시 광장에 가 보니 어른들은 모깃불을 피우고 시원한 바람을 쐬고 있었다. 이야기는 히로시마(広島)와 나가사키(長崎)에 떨어진 신형폭탄(원폭)에 대한 것이었는데, 전쟁이 끝난 것은 화제에 오르지 않았고 집에 돌아와도 어머니로부터는 아무 얘기도 듣지 못하고 자 버렸다.

제2차 대전이 끝났다는 것은 한국인인 나에게는 국적이 바뀌는 큰 사건이었는데, 글로 쓰고 보니 이렇게 짧은 내용이라니 그리 특별할 것도 없는 사건같이 되어버렸다.

집 근처에는 「능소화(ロウゼン)」가 피어있었다. 언제나 이 꽃을 보면 8월의 종전이 떠오른다. 전후에 이 꽃은 급속하게 줄어버려서 지금은 야생에서는 볼 수 없다.

注; 청년특별훈련생이란 보통 때는 가사 일에 종사하다가, 주3일간은 등교해서 반나절의 군사훈련을 받는 등록제도이다.

와타나베(渡辺)순사부장

●● 조선에서 제2차 대전이 끝났을 때의 일이다. 아마 1945년 8월 18일인가, 19일의 일이다. 당시 나는 청년훈련소 훈련생으로 소집 일이 되어서 학교에 갔더니 교관이 한 사람도 없었다.

사환에게 훈련소 선생님에 대해 물어보자,

「일본이 전쟁에 졌기 때문에 일본인은 모두 도망가 버리고 아무도 없어요」라고 대답했다. 훈련소 교관은 국민학교의 일본인 선생님이 겸해서 맡고 있었기 때문이다. 2, 3일 전에 일본이 전쟁에 졌다고 독립을 축하하는 작은 모임을 보았지만 나는 믿어지지 않았고 아직도 풀만 무성한 산골이라 정보를 확인할 길이 없었다. 규율이 엄한 훈련소에 교관이 없어졌다는 것은 전쟁에 졌다는 것을 실증하고 있는 것 같아 대단히 쇼크를 받고 말았다. 하는 수 없이 마을광장에 가 볼 생각으로 교문을 나왔다. 학교 근처에는 주재소와 면사무소가 있었다. 교문에서부터 마을

중앙까지는 6, 700m정도이고, 그 사이에 강이 있는데 강에는 잠수교가 놓여있었다. 그때는 물이 적어서 잠수교 아래로 흐르고 있어서 물이 다리 위를 넘어오는 일은 없었다. 강폭은 80m 정도이고 다리 양끝의 노면은 완만한 언덕으로 되어있었다.

내가 마침 잠수교까지 갔을 때, 다리 건너편 언덕아래에서 검은 제복바지를 입고 흰 셔츠를 입은 사람이 손수레에 짐을 싣고 혼자서 끌고 있었다. 가까이 다가가서 보니 주재소 와타나베 순사부장이었다.

와타나베씨는 돌아가신 아버지와 친해서 자주 집에 놀러 오셨었고 나도 잘 알고 있었다. 와타나베씨는 피곤해 보였고 나를 보고 모르는 척을 했다. 특별히 남을 의식한 행동은 아니었다. 마침 한낮이라 지나는 사람도 별로 없었기 때문이다.

나는 그것을 보고 일본의 패전을 통감했다. 보통 때는 기세등등한 순사부장이고, 주위 사람들은 경쟁하듯 순사부장에게 호의를 보이려고 하더니.... 지금은 옆을 지나가는 사람도 모르는 척 하고 있다. 전쟁과 패전은 먼 곳에서 일어나는 일이고, 현실에서 내 주위는 아무것도 변한 것이 없는데 사람들의 마음과 태도는 너무나도 변해버린 것이 나에게는 이해가 되지 않았고, 그저 슬프게 느껴질 뿐이었다. 체격은 어른만큼 커진 15살짜리 소년에게는....

와타나베씨는 아버지 장례식 날 국민학교의 아베(阿部)교장선생님과 같이 산에 있는 장지까지 오셔서 나를 위로해 주신 것을 떠올리고 미안한 마음이 들어서 와타나베씨에게 다가가서 「안녕하세요?」라고 인사를 했다. 와타나베씨도 「오오야마(大山)군이네」라고 말해주셨다. 당시 나의 성은 「오오야마」였다.

그때 와타나베씨는 손수레를 끌고 비탈을 올라가지 못하여 짐수레를 세워놓고 잠시 쉬고 있었다. 나는 오늘 헤어지면 다시는 못 만날 것 같다는 생각이 들었다.

소년이 어떻게 이런 어른스러운 생각을 했는지 이해할 수 없지만 당시의 일을 똑똑히 기억하고 있다. 그러나 그 외의 다른 것은 거의 다 잊어버렸지만....

나는 아무 말도 하지 않고 짐수레 뒤쪽으로 가서 밀어드릴 자세를 취하자, 와타나베씨는 「그래!」라고 하며 수레의 손잡이를 들어올렸다. 나는 언덕을 다 올라가면 그만둘 생각이었는데 버스정류장이 있는 곳까지 끝까지 밀고 갔다. 거기에는 많은 훈련생이 있었다. 그들은 나의 행동을 비난하는 시선을 보내고 있었다. 보통 때는 남의 눈을 의식하는 성격인데 그날은 이상하게 자신의 신조를 지키려는 마음으로 타인의 생각 따위에는 신경이 쓰이지 않았다. 와타나베씨는 코이즈미씨 가게 뒷마당에 짐수레를 세우고 집안으로 들어갔다.

코이즈미씨 집은 이 마을에서 제일 큰 잡화점이었다. 잠시 후 코이즈미씨 부인과 함께 나왔다. 부인은 「오오야마군! 고마워요」 라고 말해주셨다.

며칠이 지나고 면사무소에 가보니 이 마을에 살던 많지 않은 일본인 코이즈미씨, 미야모토씨, 학교선생님들, 주재소 순사들은 한 사람도 없었다. 그리고 내가 와타나베순사부장의 짐수레를 밀어준 것이 일본인을 도와준 것이라는 비난 섞인 소문이 돌고 있었다.

일본의 패전으로 조선은 일본과 인연이 끊어진 것처럼 와타나베씨와의 잠깐의 인연도 완전히 끊어져 버렸지만, 그 후에 남은 감정이 나쁘지는 않다. 긴 세월이 흐른 지금도 아무런 소식을 들을 수 없지만...

짐수레 뒤를 밀어주면서 지나간 포플러 가로수 길 아래에는 소학교 학생이 정성들여 심은 접시꽃이 빨갛게, 빨갛게 피어있었던 것이 생각난다. 반세기가 지난 지금도 빨간 접시꽃을 보면 울고 싶어질 만큼 그 시절이 그립다.

흡연의 변(弁)

•• 미국의 클린턴 대통령이 취임하자마자 전 세계가 금연 열풍에 휩싸였다. 흡연이 폐암 발생에 영향을 준다는 것은 맞는 말이지만, 20세기후반 사회를 움직이는 문명의 팩터(factor)는 흡연 이외에 보다 위험도가 높은 여러 가지 요인들이 있는데도 방임되고 있다. 역학(疫學)데이터는 조사해보지 않았지만 자동차 배기가스는 흡연보다 몇 배나 피해를 주는 존재임에 틀림이 없다. 그러나 그것이 도마 위에 오르는 일은 거의 없다. 이것은 산업이나 사람들의 생활과 직접적으로 연동되어 있기 때문이다. 흡연만이 이러쿵저러쿵 문제가 된 것은 클린턴정책 때문이다. 클린턴이 미국 대통령에 출마하면서 내세운 공약 중에 청소년보호가 있었다. 그 시책으로는 마약, 음주 및 흡연의 금지가 있었고, 특히 흡연을 금지하는 것이 가장 간단한 것이었다. 담배회사의 수익이 다소 떨어지더라도 큰 지장이 생기는 것은 아니었기 때문이다.

그러나 뚜껑을 열어보니 금연은 한 세대를 풍미하는 대유행이 되어(동시에 미국산 담배가 전 세계 구석구석까지 파급되어 있었는데) 이 금연운동을 추종하는 일부 사람들 덕분에 담배회사들은 회사를 유지하기 어려운 상태에까지 이르게 되었는데, 이것은 예상 밖의 일이었을 것이다.

이러한 배경에서 시작된 금연운동이 지금까지 선진사회에 정착되어 있다.

종전직전인 1943~4년경 한국에서는 담배가 배급제이어서, 식료품 다음으로 귀중한 물건이었다. 그 무렵 아버지가 돌아가시고 나는 호주(戶主)가 되었다. 담배가 배급되어도 어머니는 담배를 피우지 않으셨기 때문에 내가 알아서 관리했다. 담배를 원하는 사람은 주위에 많이 있었다. 담배를 못 피우는 내가 그때 다른 사람들에게 담배를 나누어주었다면 그 사람들을 얼마나 기쁘게 했을까마는 소유욕이 강한(?) 나는 그렇게 하지 못하고 그 담배를 피우기 시작했다.

처음에는 목이 아파서 고통스러웠는데 얼마 후에는 피울 수 있게 되었다. 왠지 다른 친구들보다 먼저 인생의 계단을 올라간 듯한 자랑스러움을 느꼈다. 그러나 14살짜리 아이가 담배를 피우는 것은 안 되는 일이었던 것이다. 그래서 언제나 사람들이 안보는 곳에서 담배를 피웠다.

시간이 흘러 미국인이 정의의 검처럼 휘두르는 금연의 파도에도 굴복하지 않고 나는 꿋꿋하게 계속 담배를 피웠다. 55년간의 흡연이력은 나의 자랑이다.

그러나 최근에 담배를 끊었다. 건강을 위해서 라든가 목숨이 아까워서가 아니라 무거운 기침을 하는 것이 부끄러워서이다. 그러나 다른 사람에게 금연을 권한 적은 한 번도 없다. 앞으로도 하지 않을 생각이다.

클린턴대통령이 화이트하우스를 떠나고 나면 담배가 어쩌면 우울증의 특효약으로 새롭게 태어날지도 모른다. 그렇게 된다면 내가 살아온 20세기 중에서 가장 유쾌한 사건이 될 텐데....

그리고 최근에 정신병 발생이 급증하는 양상인데, 이것은 범세계적인 현상으로 그 이유가 확실치 않은 것 같다. 환자의 증가곡선을 조사해보면 틀림없이 금연곡선과 연관관계가 성립할거라고 생각한다. 누군가 통계를 내 본다면 재미있는 「클린턴의 죄과(罪科)곡선」이 반드시 나타날 텐데.....

남녀노소를 막론하고 인생에 대해 고민하고 생활에 지칠 때 담배 한 대는 사고를 전환시키는 효과가 있다. 그러나 이것을 아는 사람은 흡연자 밖에 없다.

담배를 즐기는 사람에게는 정신적인 이상이 생길 틈이 없는 것이다. 세상의 모든 일에는 좋은 면과 나쁜 면이 동시에 공존한다. 악한 것은 악한 면만 가지고 있고, 선한 것은 선한 면만 존재한다는 이런 관점은 특히 미국인들이 잘 하는 사고방식이다.

(2002년)

나병을 기뻐하는 헌병

•• 한국에서의 일이다. 나병 또는 한센 병은 의학적인 병명이다. 지금은 치료약인 항생물질도 개발되어 있지만 예전에는 격리만이 유일한 대처법이었다. 일반적으로 천형병(天刑病), 즉 하늘에서 내린 형벌과 같은 병이라고 일컬어졌다.

내가 소학교 때, 폐결핵과 나병은 전염에 의해 발생하는 가장 큰 병으로 사람들이 기피하는 대상이었고, 지금의 암이나 에이즈보다도 더 무서운 병이었다. 마을에 이런 병에 걸린 환자가 나오면 그 집은 마을에서 쫓겨나고 가족들도 다른 사람들과 만나는 것을 삼가게 되었다.

나는 조선전쟁당시 위생병으로 육군에 입대하여 부산시와 대구시 중간에 위치한 밀양의 제7육군병원에 근무하고 있었다. 담당업무는 약품 창고관리로 상층부대 또는 미군부대로부터 약품을 수령하여 병원의 필요에 따라 지출하는 일이었다. 간단한 의약품은 자신의 판단으로 내줄 수 있는 권한이 있었기 때문에 상관들도 나를 너그럽게 봐주었다. 그런 까닭에 내 사무실에는 언제나 몇 명의 전우가 모여 있었다. 특히 밤에 장교들이 퇴근하고 나면 우리들 하사관들의 자유 시간이었다. 나의 침실 겸 사무실에는 친한 전우가 와서 때로는 술을 마시기도 하고 늦게까지 담소를 나누기도 했다.

어느 추운 겨울 밤, 사나운 바람 소리를 들으며 난로에 둘러앉아 모두 군대생활에 대한 불만을 이야기하고 있었다. 그때 한 사람이 「이렇게 추운 날 속옷 1장만 입고 부모님이 계신 고향 집까지 걸어간다면 제대시켜준다고 하면 갈 수 있겠냐?」라고 농담을 했더니, 모두 「그걸 말이라고? 당연히 가야지」라고 대답했다. 그 정도로 군대생활에 질려있었다.

우리들은 육군병원에 있는 관계로 전방의 상황을 잘 알 수 있었다. 일선으로 나간 사람들 대부분은 전사하거나 중상을 입었기 때문에 자신들도 언젠가는 전방으로 불려가서 죽는 것이 아닐까 불안해했다.

내가 있던 제7육군병원은 육군본부직할 병원으로 부상을 입은 사람과 입원한 사람이 나으면 여기서 엄격한 신체검사를 받았다. 그러고 나서 다시 일선으로 보내지든지 제대를 하든지가 정해지는 것이다. 검사가 있는 날에는 육군본부로부터 파견된 군의관과 병원 측 군의관 10여명이 삼엄하게 검사를 했다.

검사가 있던 어느 날 오후, 밀양 헌병부대로부터 헌병하사관 한 사람이 검사를 받으러 왔다. 하사관은 팔 안쪽에 직경1cm, 길이2cm정도의 하얀 멍 같은 것을 보이면서 군의관에게 무언가를 물어보고 있었다.

군의관은 바늘로 멍을 찔러보더니 마지막에 「이것은 나병이다」고 진단했다. 그 헌병은 「나병이면 제대 대상이 됩니까?」라고 질문했고, 군의관으로부터 제대대상이라는 말을 듣자 뛸 듯이 기뻐하고 있었다. 나는 그 자리에 있으면서 이 광경을 보고 슬픈 생각이 들었다.

저렇게 젊고 멋진 청년이 나병이라는 진단을 받고 앞으로 긴 인생을 어떻게 살아갈 것인가를 생각하니, 남의 일이지만 한숨이 나왔다. 그러나 본인은 제대할 수 있어서 기쁘다고 마냥 즐거워하고 있는 것이었다.

그날 밤 사무실에 단골 전우들이 모였다. 낮에 온 헌병얘기가 나오자, 모두 평상시처럼 왁자지껄하게 떠들 마음이 들지 않고 가라앉은 분위기였다.

군대가 나병보다도 더 싫었던 것이다. 이렇게 「병사들의 마음이 떠나버린 군대」가 과연 제 기능을 다할 수 있을까! 참으로 한심스러웠다. 들리는 소문에 의하면 군에 입대하는 사람은 바보들이고, 영리한 사람들은 모두 병역을 면제받는다는 것이었다.

중국고전에 「관화(官禍)는 호환(虎患)보다 더하다」(정부로부터 미치는 화(禍)는 호랑이가 미치는 화보다 가혹하다)라는 말이 있는데 정말로 이와 같은 것이 아닐까?

(2002)

50년이나 계속되는 「잠깐만 기다리게!」

•• 1950년 11월말 서리가 많이 내린 아침이었다. 나는 당시 한국 육군 제1훈련소 의무대소속 위생병장으로 제1연대 제1대대 의무부에서 파견근무를 하고 있었다. 그날 제1대대 신병들이 실탄사격 훈련을 받는 날이었다. 당시는 조선동란 중이고 전황은 최악으로 전국이 북조선에 점령되어 부산과 대구만 남고, 나라는 이름만 남아 있는 정도였다. 훈련소는 대구시내에 있었고 시는 적에게 포위되어 있었다.

이런 상황 하에서 신병 훈련이란 허술하기 짝이 없었다. 거리에서 강제 연행된 젊은이들은 신병으로서 사복을 입은 채 3, 4일간 군사훈련을 받는다. 5일째 날 아침 일찍부터 실탄사격훈련을 받으면 점심을 먹고 트럭으로 시영 종합운동장에 실려 간다. 거기서 군복 및 개인장비를 지급받고 바로 전선으로 투입되는 것이었다.

나도 일찍 아침식사를 마치고 신병들보다 조금 늦게 사격장으로 향했다. 군사행동에는 반드시 위생병이 동행하지 않으면 안 되었다. 부대에서 사격장까지는 약 6km정도의 거리가 있었다. 도중에 민가에서 3, 4살짜리 아이가 발가벗은 채 도로로 뛰어나와 오줌을 누고 있었다.

사격장에 도착하니 제1중대는 이미 수냉식 기관총 사격이 한창이었다. 제2중대는 사격장에서 50m 떨어진 제방 아래 물이 없는 하천에서 원형으로 진을 치고 중대장으로부터 사격에 대한 주의사항을 듣고 있었다.

나는 선임하사관, 대대부관, 탄약운송트럭 운전수들과 빈 목제 탄약상자로 모닥불을 피우고 잡담을 하고 있었다. 그때 하천에서 굉장히 큰 폭발음이 나는가 싶더니 사람들의 신음소리와 동시에 신병들이 제방 위로 날아오르는 것이 보였다. 나는 사고를 직감하고 제방으로 달려가서 아래를 내려다보니 그야말로 생지옥이었다. 수십 명의 신병이 피투성이가 되어 꿈틀거리고 있었다.

그 후 이 사건에 대한 보고서가 어떻게 제출되었는지 모르겠지만, 이 사고에 한해서는 내가 가장 정확하게 알고 있다. 왜냐하면 나는 많은 부상자들에게 직접 사건의 경위를 들었고 처음부터 현장에 있었기 때문이다. 이 사고의 전말은 다음과 같다.

중대장으로부터 사격에 대한 주의사항을 교육받은 제2중대원들은 휴식에 들어갔다. 신병 몇 명은 그곳에서 나왔고 대부분의 신병은 그 자리에 남아서 담배를 피우고 있었다. 그 중의 신병 한 명이 자갈 속에 묻혀있던 박격포 포탄을 발견하고 「이건 뭐-지」하면서 돌멩이로 포탄을 두드려 보았다고 한다.

주위의 신병들도 포탄인줄 몰랐기 때문에 그대로 지켜보고 있었다고 한다. 이것은 그때 옆에 있었던 많은 부상자들로부터 직접 들었기 때문에 틀림없는 내용이다. 이 사고의 원인이 된 포탄은 당시 이 사격장에서 소총 외에 박격포, 로켓포 사격훈련에도 사용하던 것으로 이런 포탄은 곳곳에 널려 있었다. 게다가 미국 군사고문단도 시찰하러 와서는 심심하다고 포탄을 하천에 던져 넣고 M1 소총으로 쏴서 폭발시키는 놀이를 했던 것이다. 그런 장면을 나도 몇 번 목격했다. 아마 불발로 남아있던 포탄이 운 나쁘게 신병의 눈에 띈 것이리라.

나는 닥치는 대로 부상자에게 응급처치를 했다. 그리고 탄약운송트럭에 부상자를 태우고 제1육군병원(지금의 경북대학교부속병원)으로 옮겼다. 약30명 정도였는데 그 중 5, 6명은 이미 숨이 끊어진 상태였다. 곧 나머지 부상자도 실려 왔다. 제1육군병원에 수용된 총인원은 47, 8명이었다. 나중에 중대원의 인원을 세어보니 5, 6명의 행방을 알 수 없어서 한때는 탈영한 것이 아닌가 하고 긴장했다고 하던데, 그 병사들은 사격장 근처의 미군병원으로 실려 갔다는 것을 알았다.

며칠이 지나고 연대본부 의무대로부터 나에게 출두명령이 왔다. 가보니 「사격장 사고 당시 위생병으로서 훌륭하게 대처한 공을 치하하여 훈장을 수여하겠다」는 말을 들었다.

기다리고 있는데 부관이 와서 의무부대가 바빠서 「며칠 뒤에 다시 수여할 테니 잠깐만 기다리게!」라고 말하고 나를 돌려보내더니 그 후로 아무런 연락이 없었다.

그로부터 벌써 50년이 지났는데 아직도 아무 말이 없다. 부관이 남긴 「잠깐만 기다리게!」는 아직도 여전히 계속되고 있다.

팬티 한 장보다 가치 없는 훈장

●● 사격장 사고가 있은 지 한참의 시간이 지난 1951년 1월 23일, 12개 연대규모의 육군 제1훈련소는 제주도로 이동하려고 대구를 출발했다. 부산을 경유하여 일본인 선원이 일하는 LST에 승선했다. 제주도 모슬포에 도착한 것은 2월초였다.

상륙 후, 구일본군 병사(兵舍)터로 가서 훈련소를 지었다. 본부 건물 이외에는 전부 대형군용텐트를 치고 업무를 시작했다.

한 달 정도가 지난 어느 해질 무렵 신병이 의무실로 들어왔다. 위생병이었던 나는 조금 어두운 오일 DDT램프 불빛 아래에서 진찰을 했다. 신병은 열이 나고 있었고, 나는 「발진티푸스」라고 진단을 내렸다. 그런데 산부인과 의사인 군의관으로부터 건방지다고 심하게 꾸중을 들었는데 결국 내가 진단한대로 「발진티푸스」라고 판명되어 훈련소는 패닉이 되었다.

며칠 후 훈련소에서 7, 8킬로 떨어진 소학교를 접수(接收)하여 전염병동을 개설하였다. 나는 7, 8명을 뽑는 파견대에 차출되었다. 그 후 환자 수는 늘어났고 위생병들의 활약은 대단했다. 특히 내과병원에 근무한 경험이 있는 위생병 2, 3명은 경험이 부족한 군의관보다 능숙했다. 한국에서는 처음으로 오레오마이신이라는 항생물질을 투여해 보았는데 그 약에는 「신이 내린 효력」이 있다고 느꼈다. 얼마 후, 이번에는 적리(赤痢)가 발생했다. 두 전염병으로 상당수의 병사가 죽었다.

5월 말경에 훈련소본부 의무대로부터 위생병 2명을 본부로 출두시키라는 명령이 내려왔다. 거기에 뽑힌 내가 출두하자 「지금까지 발군의 근무성적을 치하하여 훈장이 수여될 것이다」라는 말을 들었다.

부관이 나의 손톱과 두발을 검사하더니 마지막으로 바지를 벗기고 팬티를 살펴보더니 팬티가 더러우니까 오늘은 수여식을 할 수 없으니 이 다음에 올 때는 세탁한 것을 입고 오도록 하라며 돌려보냈다.

「이 다음」이라고 해놓고 50년이 지나도록 아직 연락이 없다. 「훈장과 팬티의 상관관계」는 박사가 된 지금도 전혀 이해가 되지 않는다. 지금이라도 불러준다면 프랑스제 고급 팬티를 입고 갈 수 있을 텐데... 본부에서 나와 돌아오는 길 제주도 해변에는 때 이른 해바라기가 「별로 기대하지 않는 게 좋을 거예요」라고 바람에 흔들리며 속삭이는 듯 했다.

2000년 7월경 나는 인생을 정리하고 싶은 마음이 들어서 한국의 「국방부정훈감실부관」에게 문의하는 편지를 보냈더니, 「그런 기록은 없습니다」라는 답장이 와서 이 건은 이렇게 마무리되었다. 생각해보면 이상한 일이다. 훈장이 가진 가치는 팬티 한 장에도 미치지 못하는 것이다.

훈장은 나폴레옹이 고안했다고 들었는데 지금까지 전쟁에서 남편과 자식을 잃고, 손에 쥐어주는 훈장 하나를 붙들고 울며 잠든 부모와 처자식이 얼마나 많을까!

제주도 격리병동의 돌담에는 빨간 동백이 무수히 피어 바닷바람에 흔들리고 있다. 원래 섬에 있는 동백은 소박한 정취가 많이 있는데, 이상하게도 그때 본 동백에는 「저승(冥土)의 정취」가 느껴졌다.

도자기 방울인형

●● 한국에서의 일이다. 나는 그다지 방울을 좋아하지 않았다. 방울의 맑은 소리를 싫어하지는 않지만 울림에 비해서 여운이 너무 긴 것 같다. 왠지 바늘과 같이 날카로운 것이 떠오르고 이것에 찔리는 것을 연상하게 되어 몸서리가 쳐진다. 그에 비하면 대형범종이나 큰 북소리는 굵고 묵직하여 굵은 떡갈나무 막대기를 연상케 하는데, 맞으면 아프겠지만 왠지 기분 좋은 상쾌함을 느낀다. 그러나 그런 내가 방울소리를 좋아하게 되었다. 거기에는 이유가 있다.

나의 아내는 일본인이다. 어느 날 아내의 오빠가 남부철(南部鐵)로 만든 풍경을 기념품으로 주셨다. 나는 그 풍경을 베란다에 걸어두었다. 찌는 듯이 더운 어느 여름날, 깜빡 졸고 있는데 살랑살랑 불어오는 바람에 풍경의 가느다란 소리가 들려왔다. 그것은 끊어질 듯 허무한 것이 아니라 가늘면서도 강철과 같이 탄력 있는 아름다운 음색이었다. 그 후로 방울소리가 좋아졌다.

한국에서는 풍경이나 방울 장식품은 그다지 찾아볼 수가 없다. 그 후, 소목에 다는 워낭을 찾아다녔지만 찾을 수 없었다. 예전에는 어디든지 있던 물건이었는데...... 어느새 흥미가 떨어져 방울에 대해서 잊어버리고 몇 년이 지났다.

어느 해 아내가 일본에 가서 도자기 방울을 사가지고 왔다. 높이 10센티 정도의 서양 귀부인 형상에 전체적으로 흰 색인데 긴 드레스 자락에는 파란 꽃이 그려져 있는 매우 사랑스러운 느낌을 주는 장식품이었다.

도자기로 된 방울이라 날카로운 소리일거라 생각했는데 그렇지 않고 철보다 부드럽고 맑은 금속성의 음색에 완전히 매료되어 버렸다. 그 후로도 TV장식장 위에 올려놓고 가끔씩 그 음색을 즐기고 있었다.

그 해 겨울의 일이었다. 시골에서 혼자 사시던 어머니가 우리 집에 오셨다. 건강이 안 좋으셨기 때문이다. 2, 3년 전에 어머니는 넘어져 가슴을 다치셔서 치료를 받으러 가끔 우리 집에 오셨던 것이다. 이번에도 특별한 일 없이 봄을 맞이했다. 78세가 되어 몸도 많이 쇠약해지셨고, 추위도 심했기 때문에 조금 더 계시다가 봄이 되면 시골로 돌아가실 것을 권하였고 어머니도 그럴 생각이셨다.

우리 집에 증축을 할 계획이 있어서 어머니는 그날 밤에 액을 막기 위해 불경을 읊어주셨다. 다음 날부터 2층 증축공사가 시작되었다. 어머니는 조금씩 체력이 약해져 가는 것 같았는데 우리들은 추운 날 장시간 불경을 읊으셔서 그 피로 때문이라고 생각하고 있었다. 어머니는 혼자서 안쪽 방에서 주무셨기 때문에 아내가 「부를 일이 있으시면 이걸 사용해 주세요」라며 그 인형 모양의 방울을 머리맡에 놓아드렸다.

그날 밤도 여느 때와 다름없이 저녁식사를 마치고 어머니 방에서 같이 TV를 보고 10시쯤 침실로 돌아와서 잠이 들었다. 우리들은 낮의 피로로 깊은 잠에 빠져있었다. 꿈속에서 다급한 방울소리가 울렸다. 둘은 동시에 어머니 방으로 달려갔다. 어머니는 방울을 손에 쥔 채 용변을 보시고 바닥에 주저앉아 계셨다. 안아 올려서 등을 쓰다듬어 드리자 조용하게 임종의 순간이 찾아왔다. 이렇게 어머니는 아들부부의 보살핌을 받으며 미지의 고요하고 편안한 세계로 여행을 떠나셨다.

한 평생을 가족의 무사와 번영을 기원하며 살아온 늙은 어머니의 임종을 이 방울인형 덕분에 잘 지켜드릴 수 있게 된 것은 너무나 감사한 일이었다.

한국의 오랜 관습 중에서 가족에 대한 큰 효행 중의 하나는 부모의 임종을 지키는 것이다. 그래서 사람의 인생을 점치는 경우, 대개 「독자종신」 또는 「2자종신」 이라는 예언을 한다. 이것은 임종에 한 명 또는 두 명의 아들이 임종을 지킨다는 것을 의미하는 것이다.

내 인생에서 방울과의 인연이 이런 것이 될 줄은 생각지도 못했다. 어머니가 돌아가신 후 방울소리를 들으면 그날 밤의 일이 선명하게 떠올라 슬픈 마음이 들기 때문에 우리 생활공간에는 방울을 하나도 놓아두지 않는다.

어머니가 돌아가신 지 벌써 20년이 되는데 지금도 조용한 밤에 들리는 방울소리는 그날 밤처럼 나를 놀라게 할 것 같다.

팔공산 오도암의 호랑이

•• 1955년 군대를 제대하고 복학을 하여 대학 3학년이 되던 해, 여름방학 때의 일이다. 「한밤」이라는 마을 근처의 팔공산은 표고 1,000m가 넘는 험한 바위산이 있다. 정상에는 사람이 좀처럼 갈 수 없다. 그 정상 바로 아래에 100m 정도 높이의 절벽이 있고 그 절벽 아래에는 마치 암자처럼 생긴 작은 절이 있다. 절에는 성이 문씨인 늙은 주지스님이 계신다는 말을 사람들에게 들었다. 나는 어떤 결의를 가지고 외딴 곳에 있는 이 작은 절에서 자신의 최선을 다해보려고 마음에 맹세를 했다. 그것은 자신의 장래를 정하는 결의였다. 그때 친한 친구인 우(禹)군도 동행하고 싶다고 해서 같이 가기로 했다.

7월 초 둘은 단단히 준비를 하고 아침 일찍 집을 나와, 태양이 서산으로 넘어가는 해질 무렵 절에 도착했다. 절이란 이름만 있을 뿐이었다.

다다미 3장반 크기의 작은 본당과 두더지라도 살 것 같이 다 쓰러져가는 방 2칸짜리 초가지붕집이 있었다. 이 초가집은 땅에 나있는 구멍이라는 표현이 어울릴 정도로, 겨우 비와 이슬을 피할 수 있을 것 같았다. 절에 도착하고 한숨을 돌리자 날이 어두워졌다.

우리 둘은 스님께 절을 찾아온 이유를 말씀드리고 당분간 머물 수 있게 해달라고 부탁했다. 그러나 스님은 아무 말씀도 하지 않고, 「지금 바로 이 산을 내려가라」고 무뚝뚝하게 거절하셨다. 아무리 부탁을 해도 안 되었다. 마지막으로 「어두워서 내려갈 수 없으니 하룻밤만 묵게 해 주세요」 라고 애원했는데도 거절당했다.

처음 가는 산길을 아침부터 무거운 짐을 짊어지고 20킬로나 걸어 온 우리들은 완전히 지쳐버렸고, 또 마을까지 5, 6킬로나 되는 어두운 길을 내려가는 것은 도저히 무리였다.

군생활의 기질이 남아 있던 나는 폭력이라도 써볼까 생각했지만 상대가 너무나 고령이었기 때문에 그만두었다. 요즘 70세라면 아직 젊다고 말하겠지만 당시의 노인은 산신령 같은 모습이었다.

할 수 없이 마당 구석에 모포를 깔고 야영준비를 하고 있자, 스님은 「절 경내에서 나가라」고 쫓아내셨다. 내일 두고 보자며 넓지도 않은 경내를 나와 풀숲으로 들어갔다. 밖이라고 해도 마당에서 10m정도 떨어져 있었다.

거기서 짐을 풀고 저녁밥을 짓기 위해 쌀을 꺼냈는데 냄비도 없을 뿐 아니라 물을 어디서 떠 와야 할지도 몰라 머뭇거리고 있자, 스님이 오셔서 우리가 하는 짓을 가만히 보고 있다가 쌀을 들고 들어가서 한참 있다가 밥을 지어오셨다. 그리고 「오늘 밤은 본당에서 자고 내일은 다른 절에라도 가라」고 하셨다.

「감사합니다」라고 인사를 하고 좁은 본당에 들어가 둘은 등을 맞대고 잤다.

다음 날 아침에도 스님이 지어주신 밥을 먹고 출발준비를 하고 있는데 스님이 오셔서

「자네들, 이 절에 있고 싶으면 있어도 괜찮네!」라고 말씀하셨다. 여우에게 홀린 기분이었지만 안도의 한숨을 쉬며 이 절에 있기로 했다.

이 절의 상태를 살펴보니, 우리들이 있는 곳은 본당이고 본당 내부에는 폭 1척(尺), 높이 3척, 길이가 벽에서 벽까지 7, 8척되는 목제 수미단(須彌壇)이 있고, 거기에 1척 정도 되는 불상 1개와 5촌(寸)크기의 불상 2개가 안치되어 있고, 다다미 1장반 정도의 마루가 붙어있었다. 이 마루가 우리들이 있는 곳이었다.

스님은 흰 턱수염을 1척이나 넘게 기르고 있었다. 그러나 얼굴색과 윤기는 젊은 사람들 못지않았으며 산길을 걷는 속도도 우리들을 능가할 정도였다. 스님은 초가지붕에 흙벽으로 된 곳에서 3명의 아이와 부인과 함께 살고 있었다. 12살과 15살 정도의 남자아이 둘과 13살 정도의 여자아이가 한 명 있었다. 밥 짓는

일은 여자아이가 하고 있었다. 스님은 매일 탁발하러 나가서 어두워져서야 돌아왔다. 부인도 멀리 다녀서 거의 절에는 없었다.

우리들이 궁금한 것은 밤길을 혼자서 돌아올 때의 무서움을 스님은 어떻게 참는가 하는 것이었다. 그것을 물어보자

「오늘도 동행이 있어서!」라고 말했다. 처음에는 마을사람들이 중간쯤까지 바래다주는 것인가 라고 생각했는데 호랑이가 에스코트해 준다는 것을 알고 기겁을 했다.

스님이 안 계시면 우리들은 낮인데도 무서워서 경내를 떠날 수가 없었다. 그만큼 주위 산에 신령한 기운이 강했다.

1주일 정도가 지난 어느 날 저녁에 스님은 노인 한 사람 데리고 돌아왔다. 그 사람은 50대 중반으로 붙임성이 있는 목수였는데, 공산게릴라가 방화로 불태워버린 20평정도 되는 본당을 다시 짓기 위해서 아랫마을에서 데려왔다는 것이었다. 우리들은 이 목수와 곧 친해졌다. 그래서 전부터 궁금해서 견딜 수 없었던 일, 즉 우리가 처음 도착한 날에는 그렇게 쫓아내려고 했던 스님이 다음날 아침에는 왜 머무는 것을 허락해 주었는가를 물어봐 달라고 부탁했다. 이유는 곧 알 수 있었다.

이 절은 옛날부터 산의 신인 호랑이의 보호를 받고 있어서 외부로부터 부정한 사람이 오면 그날 밤 산의 신이 나타난다는 것이다. 젊고 신앙심도 없어 보이는 사람을 묵어가게 하는 것이 싫었는데 하룻밤을 지내도 아무 일이 일어나지 않는 것을 보니 이 젊은이들은 부처님과 인연이 있다고 판단해서 체재를 허락

했다는 대답을 전해 들었다.

내가 오도암에 가고 싶다고 어머니께 말씀드리자 영기가 강한 산에 들어가려면 그만큼 준비를 하지 않으면 안 된다고 하시며 어머니는 7일간 생선이나 육류요리를 피하고 정진을 시켜주셨다. 신앙의 의미를 알 수 있었다.

그날부터 우리들은 스님께 산의 신에 대해 여쭤보았다. 스님도 가끔 「지난밤에는 산의 신이 와서 묵고 가셨다」고 하시며 큰 발자국을 보여주시곤 하셨다.

비가 세차게 내리던 한밤중의 일이다. 마당에 있는 직경 1척5촌이나 되는 무거운 놋쇠 세면기가 바위에 쓸리는 소리가 나서, 창문을 여는 것도 무서워서 문틈으로 회중전등을 비추어 밖을 내다보았다. 그것은 사슴도 아니고 곰도 아닌 그야말로 큰 동물!

산의 신 이외에 생각할 수 있는 것은 아무것도 없었다.

다음날 아침, 스님은 「어젯밤은 무서웠죠!」라고 말하며 「산의 신이 내 방 창문 밑에서 쉬다 가셨다」고 그 흔적을 보여주셨다. 커다란 소 정도 크기의 동물이 쉬어 간 흔적이 빗물고인 자리에 뚜렷하게 남아있었다. 나는 그 후로 「산의 신」의 존재를 확실히 믿게 되었고, 70이 넘은 지금도 어떤 의문을 갖지 않는다. 그리고 그 스님은 젊은 사람에게 거짓말을 하거나 사람을 속이는 말을 절대 하지 않을 선인과 같은 분이고, 산의 영기가 몸에 배어 있는 사람이라고 생각되었다.

그로부터 50년이 지났다. 나는 최근에 「산 친구들」의 호의로 오도암을 찾아 오랜 숙원을 이루었다. 힘든 오르막에서 체력의 한계를 느꼈다. 투병 중인 몸으로 반세기 전, 마음에 새긴 오도암의 여러 신불들과의 인연을 다시 한 번 되새길 수 있었다.

절은 없어졌고 터만 남아 있었다. 그러나 산의 영기는 그대로였다. 왠지 편안하고 마음의 평안을 느꼈다. 내려오는 길 양쪽에는 엉겅퀴 꽃만이 쓸쓸하게 피어있었다.

제비꽃

•• 세상에는 아름다운 것이 많이 있다. 그 중에서도 꽃이 대표적이다. 나는 지금까지 많은 꽃을 보아 왔지만 모두 그 나름대로 아름답다.

지구상에는 약 50만종의 식물이 있다. 그 중 은화(隱花)식물을 제외하고 모두 꽃을 피운다라는 것은 이 세상에는 50만종에 가까운 꽃이 있고, 사계절에 걸쳐 제각각 꽃을 피우고 있다는 것이다. 가지고 태어난 성질대로 화려하게 혹은 조용히 정신이 아득해질 정도로 긴 세월에 걸쳐 피고진다. 그래서 백화요란 (百花繚乱)이라는 말이 잘 어울린다.

나는 화려한 꽃을 좋아한다. 정열적인 장미, 화려하게 피기 시작하는 벚꽃, 들에 가득 핀 유채꽃, 그리고 특히 튤립의 사랑스러움을 좋아한다.

그러나 사실은 이른 봄 돌담 아래에서 수줍게 피는 제비꽃을 제일 좋아한다. 제비꽃은 인생을 생각하게 하는 꽃이다. 무리지어 피어 있어도 싫증이 나지 않으며, 골목 안에 사는 사람들처럼 서로 옹기종기 모여 조용히 피어있다. 조그맣고 사랑스럽다는 표현이 어울린다. 봄의 발소리가 들려오기는 하지만 아직 북풍이 부는 양지바른 곳에서 가만히 추위를 견디며 피는 꽃. 가련하며 청초한데다 지적인 보라색이 빛난다. 또 강한 인내를 감추고 있는 꽃이기도 하다. 그래서 나는 제비꽃이 좋다. 왠지 아내를 연상하게 하는 꽃이다. 그래서 더 더욱 좋다.

내년에는 화분에다 옮겨와서 키워보려고 한다. 정성을 다해 키운다면 청초하면서도 사랑스럽고 지적인 꽃이 피어날 테니까. 딸들을 불러서 이 꽃이 엄마를 연상시키는 꽃이라는 것을 설명해주어야겠다.

딸들이 엄마를 연상하는 꽃은 무엇일까? 만약 내 생각과 똑같이 제비꽃이라고 한다면「엄마의 꽃」으로 정하자고 할까?

이제 막 말문이 트인 어린 손자들에게도「할머니의 꽃」을 가르쳐 주어야지! 앞으로 그리고 더 긴 시간이 흘러 손자들의 마음이 더 성숙해질 무렵에 나는 이제 더 이상 이 세상에 없겠지....

~ 암 병동에서~

저승사자

•• 사람이 임종을 맞을 때는 염라대왕의 명을 받은 저승사자가 머리맡에 앉아서 사람의 영혼을 데리고 간다고 한다. 그렇지만 일반적으로 저승사자는 이승에 모습을 나타내는 일은 없다고 한다. 그러나 나에게는 저승사자가 붙어 다니고 있다. 나는 매일 저승사자와 함께 살고 있다.

저승사자가 나에게 붙어 다니게 된 경위는 다음과 같다.

정기적으로 받아오던 건강검진에서 조금 신경 쓰이는 부분이 있기는 하지만, 소견에는 아무것도 쓰여 있지 않고 그냥 「정상」이라고 되어 있었다. 나는 신경 쓰이는 부분을 조사해서 불안한 마음을 없애고 싶었다. 처음에는 2, 3가지 검사를 하면 될 거라고 가볍게 생각하고 있었는데 검사가 진행됨에 따라 점점 끝이 없어져버렸다.

모든 검사가 끝나자, 담당의는 「가족을 데리고 오도록 하라」고 말하고 그의 진단은 「암」인데, 골수 여기저기에 전이가 되어서 수술도 방사선 치료도 할 수 없으니 「운명으로 받아들이라」는 선고였다.

나도 젊을 때 전쟁 중에는 사선(死線)을 넘은 적도 있었지만 지금과는 그 마음이 달랐다. 극한의 상황에 놓이더라도 살아남을 확률은 있는 것이었다. 그러나 이 정도로 진행된 암은 죽음을 향한 내리막길로 굴러 떨어지는 길 밖에 없는, 죽음에 대한 확률이 훨씬 높고 또 확실한 것은 아무것도 없는 것이다.

그래서 저승사자는 조금의 망설임도 없이 나에게 붙어 다니며 때를 노리고 있을 것이다.

아마 내가 자고 있는 한밤중에 살며시 염라국에 가서 이것저것 업무회의를 하고 올 것이리라.

저승사자가 잠시 내 옆을 비울 때를 알 수 있다면, 그 사이에 멀리 도망쳐서 찾아내지 못하도록 변장을 하고 죽음을 피할 수는 없는 것일까! 라고 진지하게 생각한 적도 있다.

유치원 아이들이 좋아할 만한 생각이지만 고희가 된 내가 진지하게 이런 생각을 하는 이면에는 남에게는 말할 수 없는 얘기도 많이 있다.

나는 불교신자이다. 그래서 부처님께 「저승사자를 쫓아내 달라」고 기도한 적도 있었다. 그러나 결국은 운명으로 받아들이고, 인간은 언젠가는 죽지 않으면 안 된다는 서글픈 결론에 도달하게 되는 것이었다. 옛사람들은

人生如朝露　　　何自苦如此　　　李陵

(인생은 아침이슬과 같음인데 어찌하여 스스로 이런 고민을 하고 있는가!)

兵不攻無過之城　不殺無罪人
殺人之父母　　利人財貨
臣妾人之子女　此皆盜也　尉繚子

이 세상에서는 도리에 맞지 않는 전쟁일지라도 (과오가 없는 성을 쳐서는 안 되며, 죄 없는 사람을 죽여서는 안 된다. 함부로 남의 부모를 죽이거나 남의 재화를 약탈하며, 남의 자녀를 빼앗아 노예나 첩으로 삼아서는 안 된다)고 말하고 있다. 하물며 인간의 생명을 자유자재로 관장하는 염라의 판단은 제대로 된 인간에게는 절대로 통용하지 않는 것이다.

염라국에서는 이 일에 대해서 무엇이라고 설명을 할 것인가!

「선조로부터 물려받은 가명(家名)을 70년간 지키고 지금 난병으로 쓰러지다」이다. 학자로서의 가계를 지키고 물려주기 위해서 명예를 훼손하지 않고 부정한 일을 따르지 않는 생애는 힘든 것이었다.

내 영혼이 비명을 지르고 있다

•• 인간이 죽어서 지옥에 떨어진다면 모를까, 이세상에서 영혼이 비명을 지른다는 것은 생각할 수 없는 일이다. 그런데도 내 영혼은 비명을 지르고 있다. 암 때문에 죽음을 기다리고 있기 때문에....

생물화학을 전공했기 때문에 나 자신의 병에 대해서 의학적인 치료 방법은 모르지만 병의 진행에 대해서는 의사보다도 정확하게 알고 있다. 어떤 반응이 나타나면 다음상황이 예측되고, 그만큼 죽음이 가까워온다는 것을 알게 되면 비명을 지르고 만다. 보통 사람이라면 거문고의 줄이 끊어지는 것 처럼 신경의 줄이 툭하고 끊어질 것이다.

가족이나 친한 친구들은 「병은 마음에서부터」라든가 「기적이 일어날 거니까」라며 용기를 북돋우어 준다. 고맙다고 생각하지만 그럴 때 내 영혼은 사람들 모르게 비명을 지른다. 그리고 스스로의 영혼을 달래는데 고생을 한다.「조금만 참으면 돼. 그렇게 하면 아마 곧 편안해질 거니까..... 라고」

天地有萬古　　此身不再得

「우주는 영원하지만 인간은 다시 이 몸을 받아서 태어나는 것은 불가능하다」
슬픈 일이다!

莫非命也　　順受其正

「이 세상 모든 인간의 운명은 정해져있다. 그러므로 그 운명으로 받아들여야만 한다.」고 옛 현자들은 말하고 있는데........

어머니

•• 어머니는 평범한 사람이다. 그러나 남존여비의 극한을 살아낸 여인이다. 나는 「잠을 자지 않아도 사람은 죽지 않는다」는 것을 어머니를 보고 알았다. 나의 일생도 어느 쪽인가 하면 과하게 일하는 쪽이었다.

어머니의 강한 인내심은 아버지의 생활양식에서 유래한 것이다. 쉽게 말하면 아버지에게 심하게 학대를 받고 있다는 것을 어린 눈으로 보아도 알 수 있었다. 나는 70이 지난 지금도 생생하게 기억하고 있다.

암을 앓고 있는 나도 곧 죽게 될 것이다. 저 세상에 가더라도 내가 아버지를 찾지는 않을 생각이다. 내가 14살 때 아버지는 돌아가셨다. 반세기가 지났지만 아버지에 대해서는 풀리지 않는 감정의 「응어리」가 너무나도 많이 남아있기 때문이다.

어머니는 너무 일을 많이 하셔서 신경통을 앓고 계셔서 자주 「인동덩굴」을 달여서 약으로 드셨다. 인동덩굴 꽃에는 달달한 어머니 냄새가 난다.

어머니가 돌아가시고 무당에게 물어보았다. 저 세상에서는 부부가 사이좋게 지내는지 물어보았더니(그렇게 기도하고 있었는데) 어머니만 절의 본당에서 염불삼매의 경지에 있다고 한다.

씁쓸한 마음이 들었다.

「추위를 견디는 인동」의 상태는 언제까지 계속되는 것일까...?

어머니는 지금을 오히려 즐거워하고 계실지도 모르겠다.

※ 주...「인동(忍冬)」은 인동덩굴의 한자이름이다.

타마가와타로우(玉川太郎)

•• 세계 여러 나라에는 「돌아보는 고개(見返り峠)」라는 이름이 붙은 곳이 있는데, 거기에는 그 민족의 슬픈 전설과 기록이 있다고 한다. 일본 미치노쿠(陸奧)의 끝에도 「뒤를 돌아보는 고개」라는 이름이 붙은 곳이 있다.

여기는 사람 사는 마을에서 멀리 떨어진 온천이다. 유황가스가 지옥과 같이 무서운 소리를 내면서 분출되는 지옥의 계곡이다. 그 계곡 아래에는 강산성의 뜨거운 온천수가 대량으로 끓어 넘치고 있다. 여기는 옛날부터 슬픈 이야기가 전해지고 있다고 들었다.

옛날에 나병은 죄가 많은 사람에게 하늘이 내린 형벌이라는 의미에서 천형병이라고 하여, 사람들이 무서워하고 꺼리며 싫어하였다. 그러나 오늘날에는 한센 병이라고 하며 「마이코박테륨 레프라(Mycobacterium leprae)」라는 세균에 의해서 생기는 전염병인 것을 알았다.

1970년대부터 치료에 사용할 수 있는 항생물질도 발견되었지만, 옛날에는 불치의 병으로 말기에는 차마 볼 수 없는 모습으로 변하기 때문에 주위사람들이 무서워하며 피했다.

어느 집에 이 병에 걸린 환자가 있으면 처음에는 가족들도 집에서 간병과 치료를 하지만 병이 진행되어 지켜보기 힘든 상황이 되면, 환자를 사람들 눈에 띄지 않는 먼 곳에 격리할 필요가 있었다. 그때 선택하는 곳이 바로 이 타마가와온천이었다고 한다.

떠나는 날에는 가족의 정성이 담긴 의복, 일용품, 식료품 등을 챙겨서 정든 집을 뒤로 하고 미지의 온천을 향해 떠나는 것이었다. 한 번 고향을 떠나면 두 번 다시는 돌아오지 못하는 이별이 되는 것이다. 가족들도 환자가 있게 될 온천까지는 가지 않고, 고개 하나를 넘으면 온천이 있는 바로 앞 고개에서 헤어지는 것이다. 가는 사람도 보내는 사람도 서로를 떠나보내기는 힘든 것이었으리라. 이 고개가 「돌아보는 고개」인 것이다.

이 이야기를 나에게 해 준 사람은 젊을 때 관광버스 가이드를 했던 사람이었다. 당시 이 온천이 관광코스에 들어있어서 「돌아보는 고개」이야기를 했었다고 한다.

지금 이 온천은 현대 의료기관으로부터 손을 쓸 수 없는 암 환자가 마지막 기적을 바라며 찾아오는 곳이 되었다. 치료효과가 있고 없고를 떠나 환자의 심리적인 치료에 도움이 되는 것은 확실하다.

상시로 7~800명의 환자가 있다. 이 사람들은 모두 온천욕과 암반욕을 한다. 온천욕을 하는 방법은 보통 온천욕과 별로 다르지 않은데, 암반욕은 타마가와온천만의 특색이 있는 것으로 처음 경험하는 경우가 많다.

암반욕에는 돗자리와 여름용 얇은 이불(추운 날에는 모포)이 반드시 필요하다. 지열 때문에 뜨거워진 암반에 돗자리를 깔고 그 위에 누워서 얇은 이불을 덮고 바닥의 뜨거운 열을 받으면서 암세포가 죽기를 기도하며 한 시간정도를 버티는 것이다. 이것을 하루에 2, 3번 한다. 땀이 나면 온천에 몸을 담그고 가볍게 온천욕을 하면서 휴식을 취하고 식사로 영양을 보충하여, 무리가 가지 않을 정도로 하루 스케줄을 짜서 치료에 힘쓴다.

온천의 숙소에서 암반욕장까지는 15분정도 걸어가지 않으면 안 된다. 돗자리와 모포, 마실 물과 수건 등을 들고 몇 번이나 왕복하는 것은 병자에게는 쉽지 않은 일이다. 필요한 물건을 큰 가방 안에 넣고 둘둘 만 돗자리를 들고 다닌다. 처음에는 어색한 모습이지만 익숙해지면 자세가 나온다. 그래서 이제 그 스타일만 봐도 모르는 사람이라도 온천에 다닌 히스토리를 알 수 있게 된다. 온천 단골손님들은 이 「익숙한 자세가 나오는 사람」을 「타마가와타로우(玉川太郎)」라고 부르고 있다. 「당신도 타마가와타로우가 다 되셨군요!」라는 식이다. 이것은 어떻게 보면 옛날 「거지(おこも)」와도 닮아 있다. 슬픈 일이다. 본인은 암을 고

치겠다는 일념으로 필사적이고 그 모습을 지켜보는 가족들도 안쓰러운 마음에 눈물을 자아내게 될 것이다.

실로 비참한 일이 아닐 수 없다. 이것은 현대의 「돌아보는 고개」에 사는 사람들이다. 나에게 「돌아보는 고개」 이야기를 해 준 가이드도 암에 걸려 이 온천에서 치료를 하다가 안타깝게도 반년 전에 세상을 떠났다.

타마가와온천에는 환자 이외에 관광하러 오는 손님도 많다. 그들은 건강하기 때문에 환자의 절망감을 알 턱이 없다. 온천치료를 하는 모습을 보면 사진을 찍어 가기도 하는데 환자에게는 참을 수 없는 일이다. 우리에게도 언젠가 웃을 날이 올까! 노래를 잊은 카나리아는 달밤의 바다에서 다시 노래하게 되지만, 암 환자가 웃음을 되찾는 날은 언제가 될까! 지금은 암이라는 선고를 받으면 웃음을 잃은 채 이 세상을 떠나간다.

넓은 모래사장에서 바늘 하나를 찾는 행운과 같이, 이 세상에 태어난 인간이 웃음을 잃은 채 머나먼 별나라로 떠나 가야하는 것은 너무나도 억울하다.

전능한 신이 이런 프로그램을 만들 턱이 없다. 나의 암은 언제쯤 낫게 될까! 타마가와온천의 신이시여! 죽음이 가까운 것을 깨달은 인간에게 베풀어 주실 보너스가 있을 것 아닙니까? 언제쯤 그 보너스를 저에게 주실 겁니까?

나도 「타마가와타로우」가 된지 한참이 된다. 가족이, 아니 아내가 불쌍해서 견딜 수가 없다.

토야마(戶山)육군유년학교

• • 나의 10대는 일본이 군국시대였다. 나도 예외 없이 나라를 위해서라면 목숨도 아깝지 않다는 열렬한 애국소년이었다. 그 당시 소년에게는 동경의 대상이 몇 개 있었다. 소년항공대, 토야마육군유년학교, 소년전차대, 이름을 듣는 것만으로도 가슴이 뛰었다. 나도 가슴 가득 꿈에 부풀어 있었다. 그러나 종전과 함께 유년기의 꿈은 끝이 났다.

전후에는 혼란한 한국사회의 거친 파도에 휩쓸려 정신을 차려보니 이미 정년이 되어 있었다. 그동안 일본을 몇 번이나 방문했다. 직장에 몸담고 있을 때는 생명을 경시하며 이상에 불탔던 과거의 유년기가 있었던 것을 기억조차 하지 못했다. 그저 마음에 여유가 없는 나날을 보내고 있었다. 그런데 정년과 함께 암선고를 받은 인생이 되고 나서, 해결방법으로 찾아 낸 곳이 도쿄의 신주쿠에 있는 병원이었다. 이 병원 주소가 신주쿠의 「토야마」인 것을 입원하고 나서 알았다.

첫날 밤, 11층 창문으로 야경을 바라보면서 먼 옛날에 동경했던 토야마육군유년학교가 생각났다. 그리고 그리운 「토야마」라는 지명에 60년의 시공을 초월한 가슴 설렘을 느꼈다.

나에게는 마음에 남는 군가가 있다. 통속적인 군가라고 웃음거리가 될지도 모르겠지만 인생을 압축한 것 같은 가사가 마음에 와닿는 노래이다.

꽃 피는 고향을 출발했을 때 출발했을 때
신바람이 나있었지 그림자여!
지금은 번화한 거리의 내리막길을 울며 비틀거리며
부는 휘파람도
언젠가 잊었다. 잊었다.

멀리 있는 저 아이를 문득 불렀다 문득 불렀다.
용서해 주세요. 그림자여!
진흙범벅이 된 가슴속에 빨간 어깨띠가 배어 나와서,
더욱더 그립구나 그립구나.

이런 사나이를 버리지 않고 버리지 않고,
불쌍한 놈이구나. 그림자여!
적어도 너와 둘이서 메추라기가 우는 고향 마을로
내일은 돌아가자 돌아가자.

방사선 치료

•• 라디오테라피(radio-therapy)라고 하면 멋진 말로 들릴지 모른다. 그러나 아무것도 아니다. 암에 무서운 방사선을 쪼여서 치료하는 것, 즉 방사선치료를 가리키는 말이다. 「암」에 대해서도 의사는 「카르치노마(carcinoma)」라는 원어를 사용하는 경우가 있다. 환자나 가족을 배려해서 의학용어를 사용하는 경우도 생각할 수 있다.

암이란 무서운 병, 걸리면 거의 살 수 없는 불행한 병이다. 나도 그런 병을 치료하기 위해 방사선치료를 하게 되었다.

방사선에 관한 연구는 뢴트겐과 퀴리 부부로부터 시작되었다고 나는 기억하고 있다. 그러나 진정한 「방사능」이라는 단어는 제2차 대전 후, 히로시마(広島)로부터 유래했다고 생각한다.

그러나 히로시마에서 일어난 방사능증, 즉 원폭증은 종전의 혼란과 미국과 소련의 원폭병기 경쟁 속에서 그다지 문제시 되지 않았다. 진짜 방사능과 그에 대한 공포는 비기니섬의 수폭실험과 소련의 체르노빌 원자력발전소 사고로부터 시작되었다.

나도 방사선의 위험성은 직업적인 관계로 다소 알고 있다. 인간은 두 말할 필요도 없이 일생동안 방사선에 노출되지 않고 생활하는 것이 가장 좋다. 그런데 지금 나는 암이라는 병 때문에 스스로 자청하여 방사선 치료를 받으려고 하고 있다. 약물요법에는 한계가 있기 때문에 어쩔 수 없이 남은 방사선치료에 목숨을 맡기게 되었다.

토카이무라(東海村)사고 때는 방사능이라는 말만 들어도 몸서리를 쳤다. 그런데 지금은 방사선 치료가 예정보다 늦어져서 기다리기 힘들다고 불평을 한다. 방사선 치료를 받는다고 해서 암이 낫고, 지옥 귀신이 찾아오는 일이 없어질 리도 없는 것을... 그저 그 방문을 조금 늦추는 것이 고작일 것이다. 경우에 따라서는 재촉하는 일도 생길 것이다. 가능한 빨리 방사선 치료를 받고 싶다고 조급해 한다.

인간이란 이해하기 힘든 동물이다. 어떤 병으로든 한 번 죽는 것은 같은데 암으로 죽으면 「불행한 죽음」인 것처럼 모두가 생각한다. 암이란 정말로 이해하기 힘든 병이다. 게다가 더 이해하기 힘든 것은 암보다도 더 무서워했던 방사능에 자신의 생명을 맡기는 운명적인 치료가 아닐까!

만추의 타마가와(玉川)온천

●● 「악은 세상에서 활개를 친다」라는 말이 있다. 멀리 미치노쿠의 타마가와온천은 많은 암 환자가 생에 대한 마지막 희망을 찾아 전국에서 모여드는 곳이다. 여기에 모인 사람들은 모두 관음상과 같은 불심을 가지고 있다.

왜 이렇게 선한 사람들이 암에 걸리는 것일까? 세상에는 이 세상에서 없어져야 할 악인도 많이 있는데 그런 사람들이 암에 걸렸다는 얘기는 별로 듣지 못했다.

옛 성인은 「적선지가 필유여경(積善之家 必有余慶)」이니 선을 쌓은 집에는 반드시 생각지 않은 기쁨이 온다고 말씀하셨다. 그러나 이 세상은 반대로 악을 행하는 인간들이 번영을 누리고 있는 것이다.

그래서 암에 걸려 타마가와에 와 있는 사람들은 분하다. 여기에 와 있는 사람들은 이른바 「현대의 기민(棄民)」이다. 이렇게 의학이 진보했다고 하지만 암은 전혀 고칠 수가 없다. 그러므로 환자들은 스스로 미치노쿠 끝까지 기적을 바라며 찾아오는 것이다. 정신적으로는 「버림받은 사람」인 것이다.

힘들어 보이는 저 노인은 펄펄 끓는 온천 연기가 피어오르는 길을 걸으며 무슨 생각을 하고 있는 것일까! 돗자리를 끼고 암반욕을 하러 가는 저 무기력한 모습에서 예전의 영광을 찾아보기 힘들다. 건강하고 젊은 시절에는 사회에서 활약을 하고, 나라와 가족을 지키기 위해 살았던 화려했던 그때 그 모습을 지금은 어디에서 찾아볼 수 있을까!

무엇을 바라보고 있는 것일까! 깊은 심연과 같은 조용한 눈빛이 그나마 위안이 된다.

2001년 10월 15일

만추의 타마가와에서

이문명권(異文明圈)의 쓰레기장

• • 1980년대 초, 나는 학생의 요청으로 다음과 같은 말을 했다.

당시에는 한참 오일쇼크로 신문에서는 매일 「석유」라는 큰 글자가 일면을 장식하고 있었다. 그런 이유로 이야기의 내용도 오일에 관한 것으로 하기로 했다.

나는 학생 때부터 석유의 성분에 대해서 의문을 가지고 있었다. 그러나 공식적으로 말할 만한 것은 아니었지만, 학생들이 듣고 싶어 했기 때문에 오랫동안 잊지 않고 있던 것에 대해 이야기했다.

지구과학자들은 석유의 성분에 대해서 다음과 같이 말하고 있다. 「태고에 지구상의 대기는 주로 수증기, 탄산가스, 암모니아, 유화수소, 메탄가스, 수소가스 등의 성분으로 구성되어 있었다.

이때 이것을 이용하여 방대한 양의 무기영양 미생물이 번식하여 이것들이 지표구조 관계상 한 곳에 모여 부패하기 직전에 지각변동으로 깊은 땅속에 묻혀서, 아주 오랜 시간 고온과 고압에 영향을 받으며 환원반응을 주체로 하는 반응을 일으켜 이른바 석유가 생성되었다. 그것이 땅 밑의 배사(背斜)구조에 의해 광범위한 지역에서 석유가 흘러가 한 곳에 모여 유전을 형성했다」라고 이렇게 대략적으로 설명하고 있다. 그리고 이런 설명에 모두가 만족(?)하고 있다.

여러분! 좀 이상하지 않습니까? 이 모든 설명이 너무 딱딱 맞아떨어지지 않습니까? 한 곳이라면 모를까 수백 군데의 유전과 가스전이 모두 이런 행운으로 생겼다고는 생각할 수 없는 것이다.

대체 우주의 법칙을 지배하는 신이 이런 행운을 몇 번이고 몇 번이고 내려주실 리가 없다. 좀처럼 일어나지 않는 일을 가리켜 행운이라고 하는 것이다.

유전이 생성되는 것은 틀림없이 행운에 속하는 일이다. 나는 이런 생성설에는 동의할 수 없지만 그래도 현실적으로 유전은 거기에 있는 것이니까, 생성의 과정도 설명하지 않고 타인의 설을 부정하는 것은 이치에 맞지 않는 것이 된다.

그렇다면 미생물의 생성을 생각해 보자. 평균적으로 미생물의 체성분을 보면 균체는 75%의 수분과 0.5%의 재, 그리고 유기물은 약 25%내외를 포함하고 있다. 석유로 환원되는 것은 이 유기물이다. 그러면 유기물에 초점을 맞추어보자. 석유는 나중에 문제가 될 산소를 거의 포함하고 있지 않다. 이것은 지구상의 생물유래의 유기물로서는 매우 이례적인 것이다. 그러나 미생물에 포함되어 있는 유기물은 많은 종류의 유기물로 구성되어 있지만 이것을 평균하여 보면 그 성분은 산소, 탄소, 수소, 유황질소 등이 99%정도를 차지하고 있고, 이 중 산소 함유량은 40% 내지 50%정도이다. 앞에서 말한 산소는 석유에는 전혀 포함되어 있지 않다.

그렇기 때문에 미생물의 유기물은 효율적으로 환원되어진 후 산소가 제거되지 않으면 석유가 되지는 않는다.

이 환원이 어떻게 일어나는가에 대해서도 큰 의문이 있는데, 그것은 무시하고 탈산소반응이 일어난다고 하면 반으로 양이 줄어든 24%의 유기물이 12%정도가 된다. 이것이 바로 석유이다. 이런 석유의 생성을 대략적으로 계산하면 미생물균체 1톤에서 석유 약 150L(석유의 비중 0.8로서)가 생성된다는 계산이 나온다. 그런데 가끔 뉴스를 들으면 어딘가에서 발견된 석유 매장량이 몇 억 배럴이라든가 몇 십억 배럴이라고 말한다. 1배럴은 오일 약 160리터니까 1억 배럴의 오일이 생성되는 데는 1억 톤의 균체가 필요하다. 그러나 자연계 상태나 반응을 생각하면 2억 톤에서 3억 톤의 균체가 필요하게 된다. 그렇지만 이렇게 다량의 균체가 자연계에서 한 곳에 모여 있다고는 생각되지 않는다. 그 가능성은 개념적으로는 가능하지만 실제로는 불가능에 가깝다고 생각된다.

그렇다면 내가 생각하는 석유생성의 기본과정에 대해서 설명하겠는데 이 「유전생성론」을 듣고 납득이 가시면 박수를 부탁드리겠습니다.

지구는 약 45억 년 전에 탄생하여 35억 년 전에 원자생물이라고 불리는 아스코베이트(ascorbate)가 태어났다. 그것이 긴 진화를 거친 끝에 이른바 미생물이라고 말할 수 있을 정도로 진화한 생명체가 나타난 것은 약 30억 년 전이었다. 이 미생물에서부터 360도, 즉 전 방위적인 진화를 거쳐서 오늘날과 같은 생물군이 최종적으로 나타나게 된 것이다.

인간은 생물진화의 최고정점에 위치하는 것으로 이 지구상에서는 단 한 번밖에 나타나지 않는 귀중한 존재라고 한다.

그러나 나에게는 이 인간의 출현에 대한 생각에 이의가 있다. 현존하는 우리 인간의 원시조상은 약 200만 년 전에 지구상에 나타났다고 한다. 원시생물에서부터 원시인간까지 진화하는 데는 30억 년의 시간이 필요했다는 얘기가 된다. 고도의 문명을 자랑하는 우리 문명도 만년 단위의 아주 짧은 문명에 지나지 않는 것이다.

나는 이 지구상에는 30억년 사이에 우리와 같은 고도의 문명을 가진 생물이 몇 번이고 나타났다가 사라져갔다고 생각하고 있다. 우리 문명도 멸망하고 인류도 함께 멸망한 후에 긴 공백의 시간이 흐르고 나면, 원시인류와 같은 지적능력체로 진화할 수 있는 생물이 출현하여 지금과는 다른 문명을 만들어 낼 것이라고 생각한다. 그때 이들 새로운 생물은 석유를 어떻게 평가하게 될 것인가! 경우에 따라서는 우리와는 전혀 다른 평가를 할지도 모른다.

이런 관점에서 내가 생각하는 몇 억 년 전에 번성했던 생물은 지금과는 다른 에너지 생성기술을 가지고 있어, 에너지를 사용한 후에 부생(副生)된 폐기물이 오늘날의 석유이었을지도 모른다.

이 석유는 그 시대 문명에 있어서 환경에 유해한 물질이었기 때문에 그들은 이 폐기물인 석유를 효율적으로 처리하는 방법으로 지하의 특수한 지형을 이용해서 강제적으로 저장했던 시설이 이른바 유전일 수도 있다.

그들은 석유를 부생하는 문명을 건설하고 석유를 소비하는 문명을 키워낸 것이다. 이것으로 방대한 양의 석유가 매장되어 있는 유전이 존재하는 사실에 대한 설명이 가능하다고 생각한다.

며칠 전 탄산가스를 해저 토양 속에 매장하는 기획이 신문에 보도되었다. 우리들은 탄산가스를 부생하는 문명을 만들었지만 몇 천만년 후에 나타나는 생물은 탄산가스를 이용하는 문명을 건설할 지도 모른다. 이것은 틀림이 없는 것이라고 나는 확신하고 있다. 그렇게 된다면 지금 우리들이 버린 탄산가스가 다음 문명에서는 귀중한 자원이 되어 환생하게 될 것이다. 상당히 꿈이 있는 이야기다.

이 지구상에서 다량의 폐기물은 지하에 묻는 것 이외에는 방법이 없다. 그것은 어떤 문명을 건설해도 마찬가지일 것이다.

어떤 문명의 산업폐기물이었던 석유, 즉 지적인 다른 종의 문명인이 만든 화학물질이 어쩌다 산소를 포함하지 않는 석유였던 것이다.

자연계의 물질은 다량의 산소를 함유하고 있는데 석유는 자연계로부터 직접 유래한 물질이 아니기 때문이다. 자연계의 물질이 효율적으로 환원되었다고 하더라도 사람의 힘에 의존하지 않고 자연적인 반응으로 100% 진행된다는 것은 생각할 수 없는 일이다.

이 한 가지만으로도 이문명에 의한 「석유생성론」에 대한 훌륭한 근거가 될 거라고 생각하는데...?

이른 봄의 병동

•• 일 년은 봄부터 시작한다. 겨울부터나 여름부터 일 년이 시작해도 아무런 불편함은 없다. 그러나 예로부터 일 년은 봄부터 시작하는 것에 대해서 아무도 이의를 제기하지 않는다. 인간은 삼라만상의 시작을 대개 봄이라고 표현하게 되는 것 같다. 나는 계절의 시작인 봄이 좋다. 봄 안개가 길게 뻗어 있는 먼 산 능선을 넘어가면 별천지가 있을 거라고 언제나 동경해 왔다. 그러나 70여생의 인생을 사는 동안 한 번도 동경하던 별천지를 찾으러 떠나지 않았다.

봄이 좋은 것은 예나지금이나 마찬가지다. 매년 감동의 봄을 맞이한다. 그러나 이번 봄은 도쿄의 병원 11층 창문에서 맞이하고 있다. 지금까지 이런 일은 한 번도 없었다. 오늘은 일요일이다. 오는 듯 마는 듯 봄비가 내리고 있다. 보이지 않게 내리는 봄비는 마음을 차분하게 해 주고 사람의 마음을 지나간 과거로 이끈다. 봄비는 미래를 꿈꾸는 정서에는 맞지 않는다.

봄비는 세상살이의 주름에 접힌 채 마음 속 깊이 잊혀 있던 「과거」를 생각나게 해준다. 어머니 냄새가 나는 등에 업혀있던 것이나 미래를 위해서 달려온 환각의 도취, 힘든 상황 속에서 떠난 몇 번의 해외유학의 기억들이 주마등처럼 지나간다.

나는 암 치료를 위해 한국에서 일본으로 와 입원을 하고 있다. 오늘 내리는 비를 맞고 병원 뜰에 있는 벚꽃의 봉오리도 꽃망울을 틔우게 되겠지! 마음의 봄은 언제나 벚꽃이 중심에 있다. 일본의 봄은 벚꽃이고, 한국의 봄은 개나리꽃이다. 붉은 장미와 목단처럼 화려하지 않고 은은한 복숭아 색 산 벚꽃과 노란 개나리가 봄을 감싼다. 이것은 내 정서에 딱 맞는 색깔이다.

이 봄이 지날 무렵, 내 병이 낫는다면 길지는 않더라도 소박하게 그리고 있던 노후의 생활을 시작할 수 있을 텐데... 그리고 지금까지 내 곁을 지켜 준 아내에게 감사의 마음을 두고두고 표현하고 싶다. 여러 가지로 하고 싶은 일이 너무 많다. 귀여운 손자들에게도 인간의 희로애락을 가르쳐주어야지!

생명의 신이시여! 이 봄을 좋은 봄으로 저에게 내려주세요.

65년 전의 봄날, 보통학교에 입학하여 처음으로 배운 그리운 노래. 그 노래를 불러서 어머니와 누나를 즐겁게 했던 날이 생각난다.

「봄이 왔다 봄이 왔다 어디에 왔나.
산에 왔다 마을에 왔다 들에도 왔다… …」

왠지 오늘은 어머니와 누나가 그리워서 견딜 수 없다.

- 도쿄 암 병동에서 -

후기

•• 올해로 팔순을 맞이하게 되었습니다. 오늘까지 살아온 날들을 글로 써내려 가보니 긴 세월을 지나온 것에 저 자신도 놀랐습니다.

제가 에세이를 쓰기 시작한 것은 5년 전부터인데 특별한 계기가 있었던 것은 아닙니다. 우연히 지인의 권유로 키무라하루미(木村治美)선생님 에세이교실에 친구와 함께 다니게 된 것이 인연이 되었습니다. 저는 제 반생애를 전후의 한국에서 생활하게 된 특별한 체험을 언젠가 글로 써 보고 싶다고 생각하고 있었습니다만, 혼자서 생각만 있었지 펜을 들 기회가 없었습니다. 에세이교실에 다니면서 생각나는 단편적인 기억을 한 편 한 편 써 둔 것이 이번에 이런 책이 되었습니다.

다시 읽어 보니 큰 성공이나 큰 실패 또한 없이「평탄한 삶」을 살아온 자신의 인생을 잘 볼 수 있었습니다. 가족에게 큰 사고도 없이 건강하게 살아온 것은 무엇과도 비교할 수 없는 행복이었다고 생각합니다. 젊은 날에는 야망과 꿈을 위해 도전적인 정열을 불태웁니다. 그러나 남녀를 불문하고 원만한 사회활동은 그 근본에 안정된 가정이 있음으로 가능하다는 것을 새삼 깨닫고 실감하게 되었습니다.

인생은 단 한 번뿐입니다. 당시에는 어려웠던 국제결혼이었지만 평범한 가정을 만들 수 있었습니다. 인생에서 「평범한 것」보다 더 소중하고 행복한 것은 없습니다. 눈에 띄지 않게 조용히 꽃을 피우고 열매를 맺고는 소리도 없이 흙으로 돌아가는 꽃들처럼 평범하고 조용한 「가족의 풍경」이 여러분의 가슴에 남았으면 좋겠습니다.

또 저는 이국땅에서 반세기를 살면서 많은분들과 소중한 인연을 맺을 수 있었습니다. 「가르칠 것」이 있는 인생은 행복했습니다. 「가르치면서」 만나게 된 한 사람 한 사람은 제 생애에서 소중한 재산이 되었습니다. 가족은 물론, 사람과 사람사이의 따뜻한 인연은 언제나 저를 감싸주었습니다. 그 추억들을 엮으면서 감사의 마음을 표현 할 장을 마련하고 싶었습니다. 여러분! 정말 감사합니다.

남편은 7년 전에 일본에서 세상을 떠났습니다만 생전에 치료를 받으면서 일본어로 써 놓은 100편 가까운 유고(遺稿)가 있었습니다. 그 중에서 이번에 27편을 골라 두 사람이름으로 출판하게 되었습니다. 이 책을 통해서 남편과 친분이 있었던 분들이 남편과 함께했던 추억을 다시 한 번 떠올릴 수 있다면 본인도 아마 천국에서 기뻐할 거라 생각합니다.

이 책이 나오기까지 영남대학출판사 여러분께 많은 도움을 받았습니다. 또 JAL동료였던 카츠다사치코(勝田幸子)씨는 남편의 유고정리로 많은 수고를 해 주셨습니다. 이 책의 한국어 번역에는 영남대학교 사범대학 졸업생 박 해경씨의 많은 수고가 있었습니다. 이 자리를 빌어서 감사의 인사를 전하고 싶습니다.

2014. 9

한국의 대구시에서

요코하마 케이코